旅游创新设计

实操案例

杨淇深 主编

中国旅游出版社

《旅游创新设计实操案例》编委会成员

序

文旅产业的高质量发展，必须依靠创新驱动的内涵式增长，而规划设计团队，无疑是文旅产业赋能的重要创新主体和技术支撑力量。江苏尔目文化旅游发展集团多年来秉持“用智慧创造价值，用责任提升社会”的理念，致力于文旅创新研发和服务实践，取得了丰富的规划设计成果和实操运营经验，为文旅产业发展做出了突出贡献。呈现给读者的《旅游创新设计实操案例》一书，既是尔目人长期努力与务实探索形成的旅游设计成果汇编和经验总结，也是他们心血与智慧的结晶和重要的旅游理论与实践贡献。

本书主要有以下特点：

一是鲜活。书中所有案例均来自尔目文旅集团服务行业过程中真实发生的事件，每一个案例紧扣项目背景介绍、主要问题把脉、关键对策措施、主要项目成效等内容予以阐述，理念有新意，观点有深度，思路清晰，图文并茂，画面感强，具有很好的学习借鉴价值。

二是全面。全书围绕旅游业开发建设与运营管理过程，着眼旅游高质量、可持续发展，精心甄选了旅游研究、规划策划、运营管理、空间设计、品质提升、品牌创意、标识标牌、营销推广、精品演艺、影视制作、展馆创作等案例，基本涵盖了旅游业发展的主要内容，体现了鲜明的旅游业“全产业链服务”特征，参考作用大。

三是守正。书中无论是成果本身所贯穿的思想理念、研究视角、还是操作落实，均体现了尔目文旅集团背后所蕴藏“行明德 正人本”的优秀价值观和“负责 感恩 同心 快乐”的企业精神，传递了满满的正能量，展现了文旅人优秀的精神风采。

总之，本书内容丰富，可读性强，展现了旅游规划设计的创新思维和智慧火花，是一部集成旅游创新要素和设计成果转化的优秀著作，其创新设计理念、创意设计项目和实操运营案例，对规划设计和文旅发展具有重要的指导意义和借鉴价值。为此，本人大力推荐本书并十分乐意为其作序，同时期待尔目文旅集团能有更多高质量的文旅作品面世。

黄震方

江苏省旅游学会会长

南京师范大学教授、博士生导师

2020年10月1日

前言

当今是一个瞬息万变、智慧引领、跨界融合的新时代。社会经济处于新常态，产业发展面临新形势，市场需求呈现新变化。在这样的背景下，旅游业发展面临新挑战，呈现新趋势和新特点，并更加突出主题化、精品化、共生化、数字化、智能化等新的形态与特征。作为长三角文旅行业智力产业的排头兵，江苏尔目文化旅游发展集团依托自身多年来的创新研发与服务实践，希望将自己的实战成果与文旅从业者共同分享，交换心得，为这个时代尽点绵薄之力。

全书围绕实操案例，共分为旅游研究与规划策划、旅游品质提升与运营管理、旅游空间文化创意设计、旅游品牌创意设计、旅游标识标牌制作、旅游营销策划、旅游精品演艺、旅游影视创意与传播、旅游展馆创意与布展等九大部分，这些案例凝聚了我们的智慧和汗水，记载了我们对山川乡土的深入思考与深情厚爱，写下了我们对美好风光的精心谋划与实践解读。因此，本书不仅能作为行业同人业务借鉴的参考，而且是社会各界了解文旅行业的窗口，更是高校文旅专业学子快速融入工作实践的工具书。

本书作为“文旅融合与高质量发展·经典创意规划设计系列丛书”之一，精选出的案例核心内容，主要从项目名称、项目背景、主要问题、对策措施、项目成效等角度来综合评述。此外，案例中穿插了大量实物图、平面图、效果图，力求图文并茂，更加如实、清晰地呈现。

由于时间紧张，篇幅有限，加之文旅项目的创新设计属于“软科学”，故仁者见仁、智者见智之处甚多。本次选编的案例难免语言风格迥异，阐述深浅有别，甚至仍有可能存在值得商榷之处，敬请各位批评指正。

衷心感谢业界各位领导、专家和同人，没有你们的鼎力扶持和倾情帮助，就没有今天的我们，在此一并致谢！

编者

2020 年 8 月

目录

第一章　旅游研究与规划策划实操案例

第二章　旅游品质提升与运营管理实操案例

第三章　旅游空间文化创意设计实操案例

第四章　旅游品牌创意设计实操案例

第五章　旅游标识标牌制作实操案例

第六章　旅游营销策划实操案例

第七章　旅游精品演艺实操案例

第八章　旅游影视创意与传播实操案例

第九章　旅游展馆创意与布展实操案例

第一章

旅游研究与规划策划实操案例

CHAPTER ONE

第一节

旅游策划——泰山扇子崖旅游开发总体策划

一、项目概况

泰山是全球首例世界自然与文化双遗产、世界地质公园、国家重点风景名胜区、国家森林公园，也是国家5A级景区，在全国乃至全世界都具有较高品牌知名度和影响力。“中华泰山”形象已深入人心。在当前我国深化推进旅游业转型升级的历史阶段，在旅游业由观光游览向休闲度假及深度体验发展的新导向下，名山大川类山岳型旅游景区的发展也面临新突破、新课题。泰山作为以观光游览为主导的著名山岳型旅游目的地，亟待新一轮的转型升级、提质提优与深度发展。

图1-1 泰山扇子崖实景图

扇子崖景区，作为泰山旅游不可分割的重要部分，拥有奇峰怪石、深潭瀑布、沟涧溪谷、森林茶苑、古庙山村等优质的旅游资源，彰显着“雄壮”大泰山“秀丽”的一面，极具旅游开发价值。但是，目前的扇子崖景区尚处于初级开发阶段，其特色资源的价值与旅游潜力远未得到释放，其保护措施也仅停留在被动保护的层面（图1-1和图1-2）。

图1-2 扇子崖在泰山中的位置

二、主要问题

（一）限制性因素

1. 受世界遗产、生态保护、林场保育、场地空间等多重限制

扇子崖作为泰山世界自然与文化双遗产的重要组成部分，同时也是生态红线管控区域、林场保育区，加上山岳型景区的特性，开发建设条件受山地地形地脉条件影响，立项空间受限。在多重限制因素影响下，扇子崖的开发面临创新突破。

2. 在泰山核心游览线路的阴影下，扇子崖游线如何发展突围

扇子崖线路的开发，在泰山传统核心游览线路的阴影之下，面临如何放大优势、弱化阴影效应，进行差异化发展，来实现发展突围的问题。

（二）关键性问题

1. 从泰山整体发展来看，景区整合联动、借力共享互动不足

扇子崖景区位于世界级旅游目的地泰山的腹部，从泰山旅游整体发展来看，大泰山拥有世界级客源市场的优势，因而扇子崖拥有优越的旅游资源。但扇子崖景区与大泰山现有核心游览线路，尚未形成整合联动，整体上依托大泰山品牌，借力共享互动不足，大泰山的市场优势没有得到放大，扇子崖的资源优势尚未得到释放。

2. 从扇子崖市场吸引力来看，特色不明、文化挖掘利用不足

扇子崖拥有丰富而厚重的历史文化积淀，道家文化、历史文化、地质文化、传说文化、名人圣贤文化、摩崖石刻文化等众多文化汇集于此，其中尤以道家文化、道教文化资源最为丰富，最具影响力，发展潜力巨大。但从整个景区的文化展示与文化品位的现状来看，道教文化、道家文化在扇子崖的挖掘、利用和展示的深度明显不够，整体上较为零散、并没有形成完整而清晰的主题文化脉络，尚难以支撑扇子崖旅游开发的文化主核与主线功能。

3. 从游览体验丰富性来看，产品单一、资源开发利用不足

目前，扇子崖景区从整体游览体验内容丰富性来看，资源开发利用不足，旅游产品较为单一，以观光游览为主，且层次上相对较为粗放，游览体验的内容较为单薄。随着游客市场需求由原来的观光逐步向观光、休闲、体验等多元并重转变，现有的观光旅游越来越难以满足游客的需求。扇子崖景区的文化、生态资源的整体深度开发利用有待强化，集观光、游览、休闲、体验等多元化的旅游产品体系有待构建。

4. 从游客感知层面来看，旅游要素空缺、整体设施配套不足

从现代旅游景区发展和游客感知需求的角度来看，景区旅游环境氛围营造亟待加强，基础设施、旅游专项配套设施、公共服务设施等都有待完善，精致、舒适的环境氛围与环境吸引力有待提升。扇子崖景区目前尚处于开发的初级阶段，整体旅游环境氛围亟须提升。通过对扇子崖景区的调研发现，景区购物设施、旅游标识系统、人性化休憩设施、旅游厕所及垃圾箱等基本上处于空白状态，登山游步系统亟须完善，整体旅游氛围有待营造。此外，景区的游客服务配套设施、安全配套设施也比较缺乏。

5. 从景区创效层面来看，创效能力较低、自身造血功能不足

从景区未来的健康持续高效营运角度看，景区的休闲业态导入不足，旅游开发与自身造血功能有待提升。自身造血能力较为薄弱，且难以满足游客观光、休闲时的消费需求。景区旅游商品欠缺，茶园、果林等产业资源优势，尚未转换成土特产等旅游商品优势，整体上创效能力较低，自身造血功能不足。

6. 从运营管理层面来看，运营管理粗放、专业人才支撑不足

扇子崖景区的运营管理仍较为粗放，仅以景区的文化、生态资源保护、简单维护、林木养护培育、防火防灾等管理为主。从人才供给与景区科学运营管理的匹配度来看，景区经营管理、接待服务的专业人才较为缺乏，整体营运管理能力与专业性有待加强。从未来景区发展的目标和规模来看，也亟须配备较高层次的专业旅游人才。

三、规划思考

（一）以何种定位认识或考量扇子崖旅游开发

扇子崖旅游开发应站在大泰山旅游格局整体视角，为大泰山旅游输入“新的血液”、延伸“新的内涵”、奠定“新的起点”。

1. 为大泰山传统旅游产品，输入“新鲜血液”

扇子崖是大泰山的一部分，其旅游开发应充分审视泰山现有旅游产品格局、登山游览线路的主题特色、环境景观意境营造特点等，差异化开发建设，为大泰山传统旅游产品输入“新鲜血液”，增加卖点，延伸大泰山的旅游发展空间。

2. 为大泰山经典人文精神，延伸“新的内涵”

泰山精神的五大要义，即“会当凌绝顶”的攀登意志、“重如泰山”的价值取向、“不让土壤”的博大胸怀、“捧日擎天”的光明追求、“国泰民安”的美好寄托，可以说是泰山旅游的内核与灵魂。扇子崖的旅游开发，应站在延伸“泰山精神新内涵”的战略高度，关注“国民休闲时代特征”的战略导向，结合“扇子崖奇秀景观特点与名称内涵”的逍遥意境，以“山野仙踪”的休闲

情怀，来培育和积淀“泰山精神的第六要义”。

3. 为大泰山旅游品质精进，奠定“新的起点”

泰山作为世界级的旅游目的地，世界级的资源和产品，应具备世界一流的旅游品质。就目前而言，在服务品质、人性化氛围、景观意境、业态布局与运营、旅游商品开发等诸多细节方面仍略显不足。扇子崖的旅游产品，在国家5A级景区标准要求的基础上，融入ISO 9001国际质量和ISO 14001环境体系认证标准化管理的要求，引导扇子崖精致化、品质化开发，并作为下一步大泰山整体旅游品质提档升级的“新起点”与“新试点”。

（二）扇子崖游线如何在大泰山旅游格局中脱颖而出

研究认为，扇子崖游线的开发应凸显“四大理念”，以寻求扇子崖在大泰山游览格局中差异化供给与吸引力提升，助推扇子崖在大泰山旅游格局中脱颖而出。

1. 厚重文化，轻松表达——厚重中营造轻松，实现文化体验上的差异化

泰山所承载的“泰山精神”可以说是中华民族精神的重要体现，文化底蕴十分厚重；泰山旅游现有的核心产品，所体现出来的特点也是“厚重文化、厚重体验”。而扇子崖的旅游开发，应结合其环境景观与名称内涵的逍遥意境，强化差异性，将厚重的宗教文化、历史文化等，寻求一种轻松的表达方式，融入重点项目、亮点产品、休闲业态、环境景观以及活动组织之中，营造轻松、愉悦的“休闲体验”，以迎合休闲市场，特别是国民休闲的需求，与泰山“厚重体验”形成反差相映。

2. 雄秀相生，差异互补——雄壮中彰显秀奇，实现自然景观上的差异化

泰山向来以雄伟、壮丽著称，泰山之“雄”构成了人们对泰山形象感知的根基。而扇子崖沿线的景观风貌与资源禀赋，恰恰展现了雄伟大泰山的秀丽、奇特的一面。泰山之“雄”处处可见，而泰山之“秀”却难能可贵。因此，扇子崖旅游开发宜突出“秀丽”“奇特”的特点，与大泰山的“雄伟”“壮丽”形成鲜明的对比，构建大泰山雄秀相生、差异互补的游览体验。

3. 创新利用，精致打造——粗犷中铸就精致，实现环境氛围上的差异化

扇子崖的旅游开发宜以“盘活存量为主，适度增量为辅”，即对现有资源、

节点、设施等进行创新利用，通过对其进行主题化、景观化、功能化、休闲化、体验化的改造提升，并结合适度的、必要的项目与设施精致化打造，以形成扇子崖游线“精致、精细、舒适”的环境氛围与产品特色，与泰山“豪狂”之美形成互补。

4. 以人为本、服务精深——物本中凸显人本，实现服务特色上的差异化

泰山作为世界级的文化旅游产品，资源本身与硬件建设堪称一流，但在人性化关怀、人性化服务，乃至整体环境氛围营造等细节层面上仍有较大的提升空间。因此，扇子崖的旅游开发，应在现有大泰山注重产品创新开发为本（物本）的基础上更加凸显以人为本，更应倾注于人性化服务品质的铸造，以及精致的人性化环境氛围的营造，并以此作为在大泰山旅游中的突破口，来进一步引领大泰山未来整体旅游品质的再提档、再升级。

四、策划要点

（一）在功能布局上 紧扣山岳型景区特点沿登山游线布局旅游功能

在扇子崖自然景观基底与山体条件的基础上，根据扇子崖线路现有的景点分布和线路特点，充分考量扇子崖的文化主题特色、自然景观特点，以及与大泰山现有核心游览线路差异化打造的要求，策划在扇子崖景区开发形成两条主题特色游线，突破泰山景区现有核心线路“看景、拜庙、拍照”三部曲的“人在景外”的传统游览方式，而强化互动体验、休闲娱乐式“人在景中”的情景化体验方式，并积极融入大泰山整体游览线路格局。

（二）在主题特色上 以道家文化、逍遥山水为主线，形成扇子崖游线的差异化体验

1. 道家文化体验之旅

以道教仙旅文化、道家养生文化为主题，以历史文化、遗产文化、泰山茶化、传说文化、地质文化等为点缀，开启扇子崖“养生养心、修行休闲”的道家文化体验之旅（图1-3）。

2. 逍遥山水游赏之旅

紧扣道家“道法自然、天人合一”的思想理念，以青桐沟两侧奇山、怪石、秀水的地质文化为背景，结合该处山势与地形肌理，通过多样化登山步道的修建，林下草花景观层次的丰满、青桐涧跌水景观的营造、文化景观小品的适度点缀，观景亭、观景台、木栈道和其他人性化休憩设施、基础设施等的配套完善，以及环境卫生的精细化整治，打造奇山秀水观赏、森林氧吧游憩，人与自然亲密和谐的逍遥山水观赏游线。

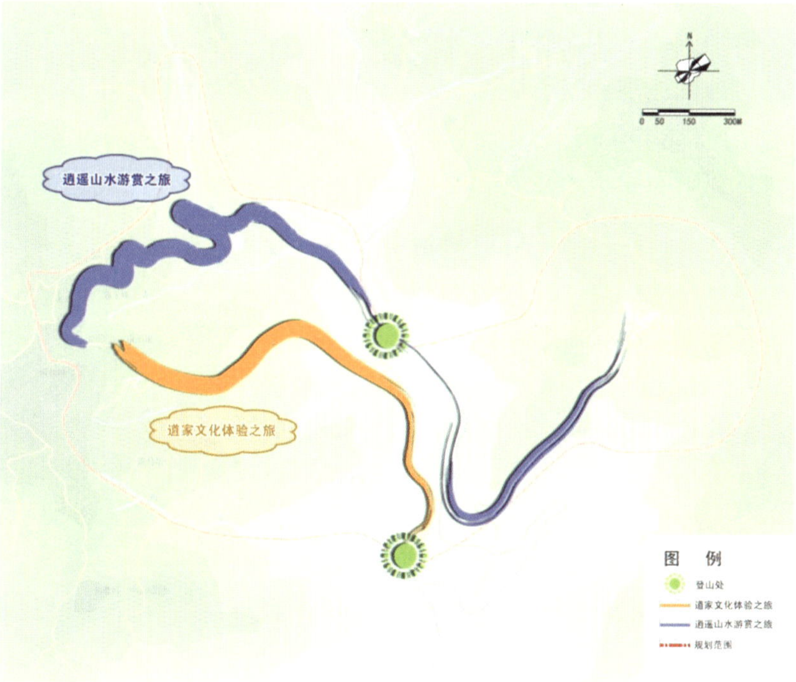

图1-3 扇子崖游线功能布局规划

（三）在项目业态上

以自在休闲为方向，强化存量盘活、注重创新利用

1. 无极山庄

（1）策划理念

“无极”生“太极”，亦曰“道”，无极乃道家养生修炼的归属。策划紧扣道家养生养心的方向，整合盘活无极庙、无极村、村前的沟涧、村后的茶园

等资源与资产，结合道家“无极”理念、养生文化进行创新利用与主题化包装，拓展健康养生、修行休闲等功能，打造扇子崖道家主题文化村。

（2）主要吸引物

一是对无极庙旁的村庄进行环境整治提升、建筑风貌包装、公共空间营造，打造成道家养生主题的庭院式文化客栈，并在餐饮、运动、行为理念、心态调和及健康理疗服务上凸显道家健康养生的本色（图1-4和图1-5）。

二是充分利用村庄后、停车场西侧的茶园，打造具有道家文化内涵的无为茶苑，在环境景观整治提升的基础上，在茶园中设置“无为亭”，作为游客品香茗、论茶道、感悟人生的休闲、修行空间，并将“无为”思想的典故、妙理与景观小品、碑廊设施相结合，为现代人排解压力、放松身心提供人性化设施与心理指引（图1-6）。

三是充分利用沟涧中的乱石、崖壁、树丛等，进行优化布局、园艺构景，以提升景观品质，并选择村庄前的合适区段配套木栈道、木平台等游览配套设施，同时适度设置诠释道家思想与典故的文化雕塑或崖壁浮雕等，以凸显文化主题，可取名为“无极谷”（图1-7）。

图1-4 无极客栈设计效果图一

图1-5 无极客栈设计效果图二

图1-6 无为茶苑意向图

图1-7 无极谷设计效果图

2. 自在林

舍去眼前的烦恼，才得当下自在、智慧的人生。选取玉皇洞西侧坡谷的平缓空间，通过对林下场地的整治，适度增设能够让游客互动、参与且与休息相结合的人性化休闲设施，如“太极桩、打坐盘、吊椅、吊床、石桌石凳”等，供游客在此歇脚、休憩、娱乐、打牌、闲聊，游客在此可以“停下来、静下来、坐下来、聚起来、玩起来”（图1-8）。

图1-8 自在林设计效果图

3. 静心茶舍

利用沿线平坦开敞空间，设置茶舍，为登山游览的过往游客提供茶饮、茶点服务，增加盈利点。茶舍融入道家静心思想，利用茶道文化进行包装，突出其特色，游客在此驻足休息的同时，可静心品茗，享受闲趣人生（图1–9）。

图1–9　静心茶社设计效果图

4. 傲来国文化地质公园

规划将傲来峰、扇子崖处的奇山怪石、峻崖峭壁、溪谷泉眼、天然山洞等地质资源与吴承恩的《西游记》文化进行深度整合，构建国内首个具有独特文化烙印的地质公园——傲来国文化地质公园，既能彰显地质文化，又凸显西游记文化主题，彰显泰山作为世界地质公园的独特魅力（图1–10）。

图1–10　傲来国文化地质公园实景图

5. 扇子崖宾馆（提升）

扇子崖宾馆现有的住宿品质较一般、缺乏主体特色、接待能力十分有限。策划提升：一是植入仙旅文化主题进行创意包装，将其打造成仙旅文化主题客栈；二是在扇子崖宾馆的东侧相对平坦、开阔的林下空间，完善石桌石凳、露天座椅等，拓展露天休闲业态，如露天茶座、咖啡座、果汁吧等，以整合空间资源，拓展扇子崖宾馆的经营业态，提升盈利空间；三是在其东侧的林下空间，因地制宜地适度增设林下小木屋、树屋、帐篷等，在提升扇子崖宾馆住宿接待能力的基础上，创新住宿的特色（图1-11）。

图1-11　扇子崖宾馆业态引导与提升意向图

（四）在景观氛围营造上 充分彰显道教仙侣、逍遥山水主题特色

紧扣道家、道教文化体验，发挥扇子崖山水奇、秀的一面，结合对道教文化元素进行深度提炼，融入景观氛围营造之中，形成道教仙旅、逍遥山水的整体环境景观意境。

1. 无极悟道

道家认为“无极生太极、太极生两仪、两仪生四象、四象生八卦”，“无极”即“道”。策划设计无极悟道、无极论道的景观雕塑、石刻，以营造道家文化氛围（图1-12）。

图1-12 无极悟道景观小品设计效果图

2. 石龟迎圣

道法自然，万物皆遵道。利用该奇石形如石龟的特征，并以“石龟迎圣”为题，进行故事化、艺术化包装，以石龟迎接、聆听元始天尊“布道讲法”为由头展开介绍，寓意以“道”可教化万物（图1-13）。

图1-13 石龟迎圣景观节点设计效果图

3.老子悟道

老子是道家鼻祖，通过设置“老子悟道”景观小品的点缀，提升该处的整体文化品位与内涵，进一步强化道家文化之旅的主题体验（图1-14）。

图1-14　老子悟道景观小品设计效果图

4. 庄周梦蝶

庄周梦蝶是道家经典故事，关乎“真实和虚幻”区分的哲理内涵，恰是对“奇妙仙旅、如真如幻”体验的最好前奏，游客在立体画互动体验的过程中，可初步领略道家思想的真谛（图1-15）。

这里既可让游客与景观小品拍照、摆拍互动，也可给游客带来思考，领悟“道”的真谛。

5. 腾云驾雾

在对该悬空石平台的地质稳定性进行研究论证的基础上，对其进行整理，并将其打造成一个悬空与崖壁之上的观景平台；同时可结合3D立体化画艺术，在石平台表面作立体画，营造蓝天白云的立体感觉，人站在平台上如同 “腾云驾雾、矗立云端” 。可以让游客在这里停下来、留下来、玩起来，带来愉悦的互动体验（图1-16）。

图1-15 庄周梦蝶景观小品设计效果图

图1-16 腾云驾雾景点设计效果图

6. 黑龙潭、青桐跌水

通过对沿线的瀑布深潭、沟涧等地脉、水脉景观的打造、融入文化内涵与故事情节，营造逍遥山水的景观特质。

黑龙潭侧重对该处瀑布景观提升，丰富人文景观要素，完善观览设施配套；青桐跌水景观，侧重对该处沟涧进行利用，打造跌水景观，强化扇子崖景观的灵动性（图1-17）。

图1-17　黑龙潭景点提升设计效果图

图1-18　青桐跌水雾景点设计效果图

（五）在线路设计上

四大措施融入整个大泰山核心游览线路，对接泰山旅游大格局

扇子崖游览线路作为大泰山游览格局的一部分，其核心客群主要为大泰山所吸引过来的市场分流人群。因此，扇子崖线路的开发，要紧密融入泰山整体旅游格局之中。

图1-19 泰山现有核心游览线路格局图

1. 提升扇子崖在天外村游线中的感知度与认知度

策划将天外村至中天门车行交通线上的交通站点“黑龙潭”站更名为“扇子崖南站”，将“竹林寺站”更名为“扇子崖东（竹林寺）站”，以此，使得扇子崖在泰山天外村车行游线中的认知度与感知度更加突出。

2. 构建中天门至扇子崖景区的车行与步行相结合的游览系统

策划好中天门至扇子崖的游客引导与交通接驳服务的同时，还需按照大泰山管委会原定计划，尽快打通中天门至白阳坊的登山道，并在无极村与白阳坊之间设置电瓶车进行接驳，打通白阳坊与扇子崖主游览线的衔接障碍，构建中天门至扇子崖景区完善的车行与步行相结合的游览系统（图1-19）。

3. 将扇子崖游线纳入泰山旅游全景导览图，并完善由天外村、中天门至扇子崖的指引标识系统

策划提出更新升级现有泰山景区全景导览图，将扇子崖景区游线纳入全景导览图中，并配套交通接驳、步行游览等的说明，供游客清晰了解如何达到扇子崖景区。此外，中天门是天外村、红门两条最经典登山线路的交会点，也是经由该两条线路登山、下山的人流会聚点；而扇子崖游览线可以说是泰山游线中天外村线路的延伸与拓展，也是扇子崖最直接的分流客源供给线。因此，建议在中天门、天外村完善通往扇子崖景区的指引标识系统。

4. 作为在大泰山旅游格局中的重要节点，强化对扇子崖新游线的宣传引导

在泰山的天外村、红门、天烛峰、桃花源四条游线入口，岱顶、中天门、各索道站等人流会聚的点，强化对扇子崖新游线的宣传引导，以尽最大可能使到泰山来旅游的游客能够了解到、感知到扇子崖新游线。

（六）在运营管理上
创新管理体制、铸就服务品质，构建健康可持续的运管机制

1. 创新管理体制机制，强化顶层设计

大泰山的景区运营管理模式，采取的是“兼具资源行政管理的复合治理模式”。策划提出扇子崖应在大泰山管委会的统一领导下，在现已成立的“泰安迎胜扇子崖旅游开发有限公司”的基础上，全面强化和探索管理体制机制的创新发展，从运营模式、管理理念、资金筹措、资产运作、业态等创新运营管理的体制机制。

2. 铸就高起点的旅游服务品质，注重软性突破

进一步针对客源市场的个性化需求进行研究，强化扇子崖特色化、个性化旅游服务的供给，并对扇子崖景区从管理人员到工作人员再到服务人员，进行整体上“爱心服务”意识的培养，从根本上解决“服务理念”的问题，重点突出对游客无微不至的人性化关怀与爱心关怀，铸就高起点的旅游服务品质，并为大泰山整体旅游服务品质的提档升级积淀经验。

3. 引入ISO 9001质量管理体系，提升扇子崖景区整体质量

策划提出引入ISO 9001质量管理体系的相关要求，制定质量目标与方针，做好质量管理体系设计，明确各部门各环节的质量管理职责，并落实到人，以强化对扇子崖景区资源、环境、项目、业态、设施、服务、游客行为等方面的管理。

第二节

发展规划 —— 南京城墙旅游发展总体规划(2019—2030)

一、项目背景

坐落在江苏省南京市的南京城墙是世界最长、规模最大、保存原真性最好的古代都城城墙，设计思想独特，建造工艺精湛，规模恢宏雄壮，现完整保存25.1千米，被称为“世界第一大城垣”，列入“全国重点文物保护单位”“中国世界文化遗产预备名录”。

南京城墙高坚甲于海内，据岗垄之脊，突破传统规制，依山傍水、因形随势而建，平面轮廓奇特，是明初政治制度、思想文化、城市规划、审美意识、建筑技术和国家财力的综合体现，承载着古代城墙建造技艺和城市文明核心价值，是中国礼教制度与自然相结合的典范，也是古代都城建设的杰出代表。无论历史价值、观赏价值、考古价值以及建筑设计、规模、功能等诸方面，国内外城墙都无法与之比拟，是价值巨大的人类文化遗产。

城墙是南京城市的符号、情感的寄托、精神的缩影，是南京的文化名片，同时又是串联众多城市名片的纽带，沿线拥有众多南京标志性、高品级的旅游资源，如钟山风景区、玄武湖公园、夫子庙秦淮风光带、石头城遗址公园、阅江楼景区等。

南京城墙的巨大价值和极高地位，使得其保护利用工作得到南京市委市政府高度重视，要求精心传承延续城墙历史文脉，打造具有国际影响力的世界级历史文化旅游名片，形成南京市继夫子庙-秦淮河、中山陵之外的“文化旅游新名片”（图1-20）。

图1-20 南京城墙墙体及附属设施

二、现状问题

南京城墙在保护的前提下适度开发了文化旅游产品，旅游公共服务体系得到初步改善，举办了较为丰富的主题活动，周边环境整治和景观提升工作成效逐步显现。但总体来说，还存在以下五个方面的问题：

（一）历史文化挖掘不够，活化不足

南京城墙丰厚的历史文化内涵主要通过展示馆以及城墙遗迹本身来呈现，展示方式以静态为主，现代科技手段的应用比较缺乏，优质的软性文化活动开展不足，个性化的文化商品开发不够，历史文化的挖掘还不够深入、不够充分，表达方式有待突破创新，高品质的旅游产品还有待开发。

（二）旅游产品业态不丰，体验不足

城墙旅游产品以传统观光为主，能够让游客互动参与、深度体验、充分感受城墙文化的旅游产品比较缺乏，游览形式单一，游览线路上的兴奋点比较少，旅游产品不够丰富，缺乏夜旅游产品，旅游业态还需更加多元化。

（三）旅游服务品质不高，配套不足

城墙沿线的小区整治、绿化改造、管线下地、夜景灯饰亮化、河道清淤、郁蔽植物处理等工作还需要进一步推进。对照国家高等级旅游景区的质量要求，城墙的旅游公共服务体系还需要进行完善，如智慧旅游、游客中心、交通集散、停车、标识系统、环境氛围、旅游厕所、服务质量等方面，旅游基础设施和服务设施需提升。

（四）旅游市场竞争力不强，品牌不足

南京城墙在旅游市场的感知度和吸引力相对其他地标性资源而言较弱，在南京全域旅游中的地位不凸显，尚未成为来宁游客的首选和必选。城墙在旅游品牌建设方面的力度还不够，缺乏高等级的旅游景区、品牌性的旅游项目和产品。另外，节庆活动的影响力不大，宣传推广力度不够，而且，在南京整体旅游营销体系中，城墙旅游被边缘化。因此，城墙在旅游营销方面需制定系统性的措施，全方位提升在南京旅游中的地位，提升品牌影响力和旅游吸引力。

（五）统筹协调平台缺乏，联动不足

2014年4月，城墙保护管理中心成立，将城墙的管理职能由各区分散管理变成了统一管理。但是城墙保护管理中心的管理职能仅限于城墙本身，城墙与其周边的旅游资源管理权限不一，导致资源、产品、服务、设施、品牌等方面协调联动比较缺乏，束缚了城墙旅游发展，拓展因此受限（图1-21~图1-23）。

图1-21 南京城墙台城段实景图

图1-22 中华门城堡实景图

图1-23 城墙旅游总体现状图

三、主要难点

南京城墙在发展高品质旅游方面，拥有突出的优势，但也存在明显的制约，如体制机制不协调、遗产保护高要求、资源底蕴难显现、承载空间较受限、遗存分布较分散、整体品牌难彰显等，在旅游开发中需要高度关注，并破解瓶颈难题。

（一）城墙沿线的协调联动发展

由于城墙及沿线的旅游资源、产业资源、公共空间与设施等涉及多个部门、多个区域的管理，存在各自为政、单打独斗的现象，因此城墙与周边在产品、线路、设施、品牌等打造上不能统筹联动，这制约了城墙旅游的发展，也影响了城墙旅游带品牌影响力、旅游吸引力的整体构建。如何从体制机制方面改革创新，推动城墙沿线的协调联动发展，是需要破解的一大瓶颈难题。

（二）保护利用关系的科学处理

城墙是全国重点文物保护单位，并在积极申报世界文化遗产，在此特殊阶段，要以前瞻的理念进行预判，即充分考虑满足《保护世界文化与自然遗产公约》的要求，遗产保护要求将会不断提高。在这一背景下，如何平衡好开发与保护之间的关系，对于城墙旅游开发而言，也是一个至关重要的挑战与难点。

（三）厚重历史文化的显现表达

南京城墙作为“世界第一大城垣”，其布局形制、建造工艺、建筑材料、设防结构等方面独具特色，文化底蕴非常深厚，围绕城墙发生了很多的传说典故和战争事迹，但这些历史文化很难被直观地感受和体会，人们所领略到的只是规模宏大的城墙，如何将深厚的历史文化底蕴创新创意地表达，使游客能够轻松读懂城墙，并从中获得快乐，是旅游开发中的一个难点。

（四）有限空间的高效创新利用

城墙作为全国重点文物保护单位，开发利用受限较多，再加上城墙本身的特性，旅游开发的可使用空间非常少，如何充分高效地利用有限空间，让游客体验城墙的历史和文化，是塑造城墙旅游吸引力的一大难点。墙的历史和文化，是塑造城墙旅游吸引力的一大难点。

（五）整体品牌价值的构建彰显

南京城墙空间分布不连贯，不是完整的、独立的景区，整体的旅游品牌尚未构建，认知存在混淆,宣传效果不凝聚。在旅游开发中，如何打造城墙旅游品牌，提升品牌知名度与美誉度，充分发挥遗产价值，凸显品牌效应，增强旅游吸引力和影响力，吸引国内国际客源，同时对百姓福祉、城市建设产生带动作用，也是一大难点。

四、规划理念

（一）规划视野

1. 立足世界文化遗产的要求，进行开发利用

规划前瞻性地站在保护世界文化遗产、传承历史文脉的高度，突出文化遗产价值，以保护遗产为基础，以凸显城墙品牌价值、彰显城墙资源特色、提升城墙旅游品质为导向，遗产有效活化，价值充分释放，将城墙旅游打造成南京城市旅游的新名片。

2. 立足“世界第一大城垣”品级，塑造品牌目标

规划充分基于“世界第一大城垣” 的资源品级和巨大价值，高起点、高标准，科学定位目标愿景，打造具有世界级吸引力的文化旅游项目，塑造世界城墙遗产保护与开发利用的典范，构建世界第一城垣体验高地，世界城墙遗址旅游的首选，成为南京继中山陵、夫子庙之后的又一城市旅游名片。

3. 立足南京城市与旅游发展高度，放大价值效应

规划不是就城墙谈城墙，而是要将城墙放在南京城市发展、全域旅游发展的视角下考虑其功能价值，充分彰显城墙的辐射带动和整合联结效应，构建南京城市与全域旅游发展的空中廊道，从而发挥城墙对整个城市经济社会发展的作用。

（二）发展定位

秉承“强化遗产保护、有效活化利用、创新提神铸魂、彰显品牌价值、城旅

融合发展”的理念，打造集遗址保护与展示、文化体验、城市休闲、研学教育、文化创意等功能为一体，有深度、有内涵、有特色、重体验的世界级文化旅游项目。

同时发挥城墙旅游开发对于世界城墙文化遗产的保护与利用、南京城市建设与全域旅游发展进一步提档升级、南京城市个性特质与精神塑造、提升百姓福祉的巨大价值效应，构建“促进南京市城市发展的文旅经济廊道、统筹南京市城市旅游的空中联动走廊、彰显南京市个性特色的历史文化纽带”，形成推动南京市城市建设、旅游产业与文创产业发展的战略性空间。

五、规划策略

（一）突出顶层设计和体制机制创新

城墙旅游的发展是个大的系统工程，关乎城市的众多方面，涉及诸多城区和部门，需要从更高层面进行综合统筹协调。所以，规划建议在目前城墙保护工作体制的基础上，同步考虑城墙申遗、保护与旅游开发，由市委、市政府牵头组建专项领导小组，市长直接任组长,形成统一的统筹协调平台，突破多头管理限制，从市级层面上整合各职能部门行政资源和工作分工，推进城墙的保护与旅游发展，高位部署、职责分工、工作落实；加强与城墙涉及不同主体之间的沟通与协调，扩展城墙开放段落；同时，出台《推进南京城墙申遗与旅游发展的工作意见》，将城墙旅游发展工作上升到政策制度的高度，为城墙保护利用和可持续发展提供有力的政策制度性保障。

（二）明确空间结构和功能布局

1. 空间结构

规划基于城墙文化遗产保护的要求，以及城墙与周边协调联动、统筹发展的战略，提出建立“点段联结、三圈协同”的空间结构：

点段联结：城墙上旅游资源比较突出、业态相对集聚的区块，如中华门、玄武门、解放门、仪凤门、石头城等，与各主题游览区段相互结合，形成“主题区段+资源集聚中心”的格局，同时发挥城墙对周边资源的集聚效应，整合周边的旅游资源点，点线结合，构筑旅游吸引力。

三圈协同：立足科学推进城墙保护与开发的要求，依托城墙核心本体、保护范围、联动范围，构建城墙核心圈、保护利用圈、整合联动圈，三大圈层在城墙旅游开发中各具功能，在产品开发、线路设计、设施配套、管理服务、品牌打造、营销推广等方面互拓互动（图1-24）。

图1-24 城墙旅游空间结构图

2. 功能分区

依托空间发展格局，对接《南京城墙保护规划》的相关要求，根据城墙的旅游发展现状，城墙与周边的旅游资源条件，以及周边交通、用地、业态等综合条件，考虑城墙旅游今后的发展方向、城墙与周边的整合联动导向，规划确定城墙旅游的功能布局为：五心四段、珠联璧合（图1-25）。

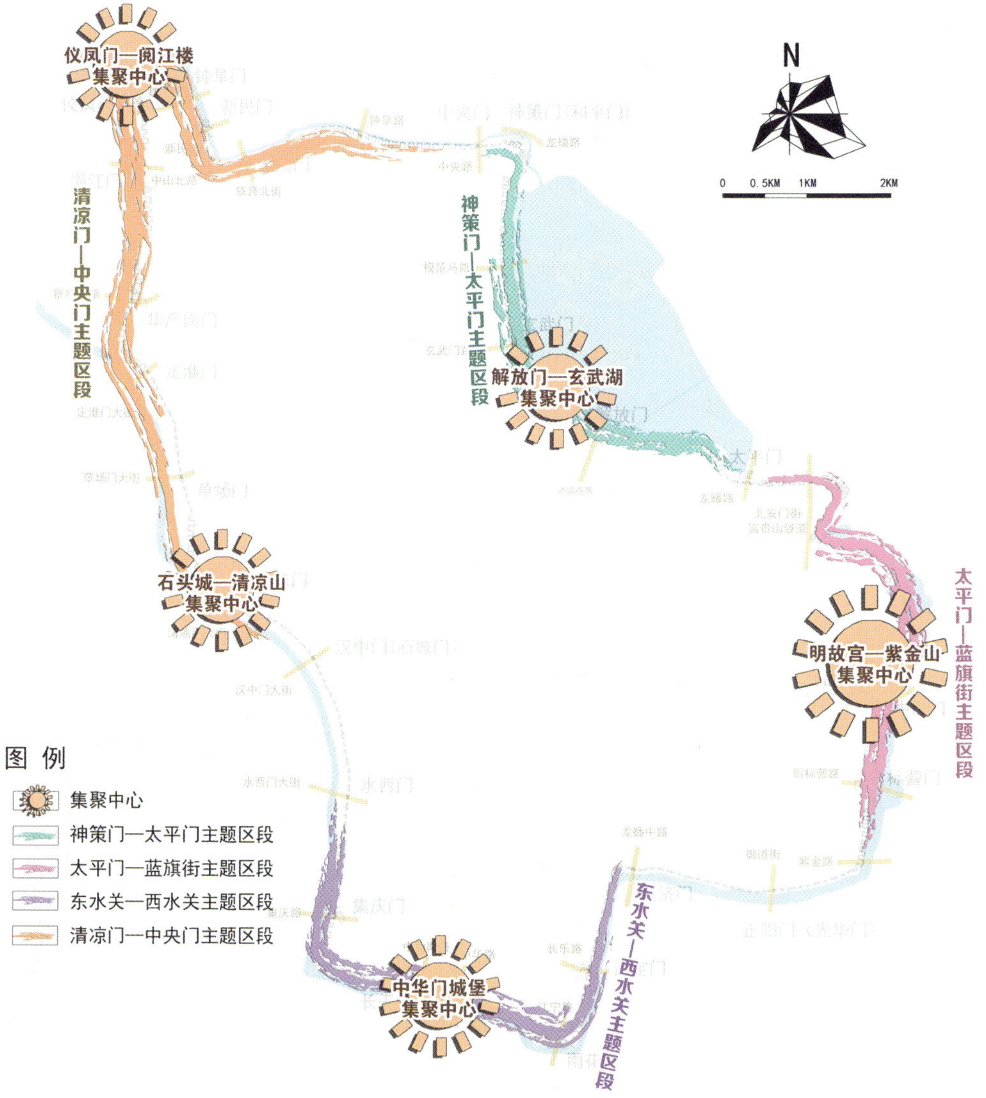

图1-25 功能分区图

五大标志性集聚中心，即体现山水城林特质和皇家园林文化的解放门—玄武湖集聚中心，展陈北防要塞和滨江风光的仪凤门—阅江楼集聚中心，融汇秦淮风情和城堡体验的中华门城堡集聚中心，彰显明朝皇家文化和金陵气象的明故宫—紫金山集聚中心，展现石城古韵和清凉山文化的石头城—清凉山集聚中心。今后将作为城墙旅游开发的重点墙体，资源、要素、人气等整合集聚的重点区块，塑造城墙旅游吸引力的重点支撑和城墙旅游的窗口。

四大主题区段，即“体验城湖相依，观览山水城林”的神策门—太平门主题区段；“见证恢宏伟迹，赏阅钟山胜景 ”的太平门—蓝旗街主题区段；“探访第一瓮城，唤醒城南记忆”的东水关—西水关主题区段；“追溯石城印记，领略江山气势”的清凉门—中央门主题区段。

（三）优化升级旅游项目与产品

对现有书房、展馆、观景设施进行提升的基础上，新设以下旅游项目：

1. 城墙故事项目

将“讲好城墙故事”作为城墙旅游升级的重点项目，选取城墙众多故事中的经典片段，在重要区段、重要节点讲解，依托智慧旅游系统和解说系统的建设，将城墙的历史文化呈现给游客。

2. 城墙演艺项目

挖掘城墙各城门、各区段的文化特色，根据开发能级、方向和发展潜力，以及周边条件，在中华门、中山门和明故宫等场景演出主题性旅游实景演艺节目，让游客观众在极具视听冲击力与感染力的环境领略“世界第一大城垣”的神韵。

3. 沉浸式体验项目

在中华门城堡和台城开发全景式视、触、听、嗅觉旅游情境体验项目，使旅游者有一种“身临其境”的感觉，为旅游产品和服务找到新的价值和生存空间（图1-24）。

图1-26 中华门城堡沉浸式体验馆意向图

4. 城墙水上游赏项目

城墙与护城河相伴相生、交相辉映。该项目依托护城河水系，在合适的区段开发水上游览项目，让游客能在船上“听城墙的传奇、观城墙的宏伟”（图1-27）。

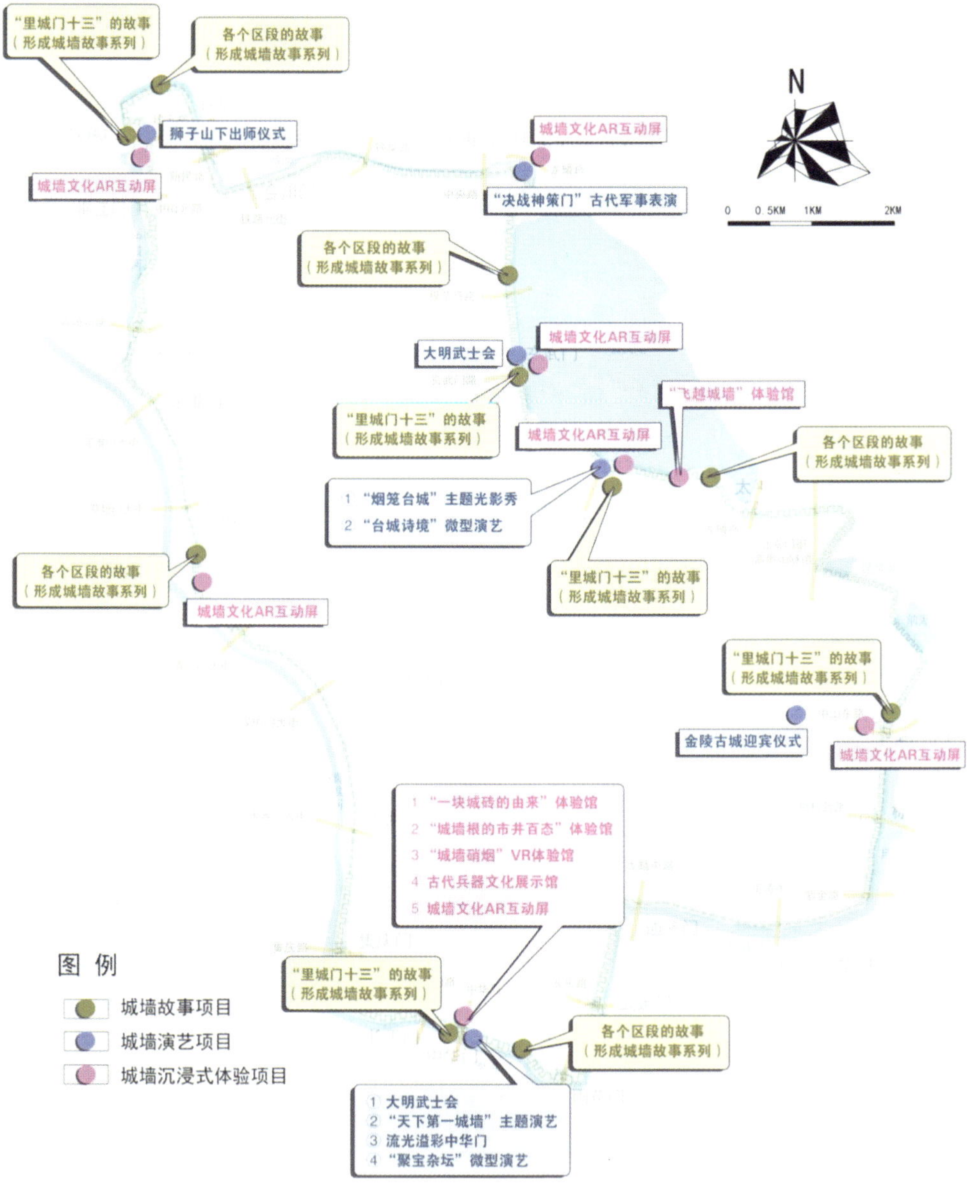

图1-27 新增旅游项目规划图

根据城墙的遗址特征、文化属性和项目类型，规划提出城墙旅游主要应开发完善五大类旅游产品：遍布空中、墙上、墙内、墙下和水上的全方位观光产品；采用现代科技与创意，统合展示馆、主题演艺、实景观览和书品阅览的交互式文化体验产品；针对中小学生、高校、商务人士、文化人士、专业技术人士的生动化科普研学产品；包含马拉松、自行车、划龙舟和武术等运动形式的全民化体育产品；延展城墙价值链，拉升旅游经济综合收入的缤纷多彩夜游产品，以“南京城墙——越夜越精彩”为主题，率先在东水关至西水关段启动夜旅游产品的开发，作为城墙发展“夜经济”的先行区段和示范区段。

（四）精心开发与设计旅游线路

以需求为导向设计、组织与开发城墙旅游线路：

设计、组织城墙本体的游览线路，如外来游客登城游览线路、本地居民徒步健身线路、红色旅游线路、遗址探古旅游线路、“跟着诗词游城墙”旅游线路、金陵四十八景旅游线路、四季赏景旅游线路等特色旅游线路，以及城墙下的骑行线路和观览线路等（图1-28和图1-29）。

图1-28 城墙绿道提升意向图

图1-29 游客驿站意向图

组织、开发三圈互动的游览线路，规划中更加注重城墙与周边重点旅游景区的线路串联，如城墙与玄武湖及周边景区之间的整合联动线路，城墙与南京博物院、钟山风景区之间的整合联动线路，城墙、夫子庙—秦淮风光带及周边景区之间的整合联动线路，城墙与阅江楼景区及周边景区之间的整合联动线路等。

（五）强化旅游公共服务体系建设

根据打造“世界级文化旅游项目”对旅游公共服务体系的要求，规划主要从强化旅游咨询接待服务、公共交通连接、旅游停车空间、公共自行车停靠、旅游厕所、垃圾收集设施、旅游标识系统、智慧旅游系统、旅游环境氛围、休憩设施、旅游驿站、旅游购物、旅游质量建设等方面，完善城墙旅游公共服务体系（图1-30）。

图1-30 旅游公共服务体系规划图

（六）加强旅游市场的营销推广和客源拓展

围绕“世界最大城垣 美丽古都根脉”的品牌形象，以“南京城墙 举世无双”为主打宣传口号，巩固和深耕辐射全国的境内客源市场；持续提升港澳台、亚洲地区，重点拓展欧美、澳新及“一带一路”沿线国家的入境客源市场；并探索开发涵盖文化研究、文化旅游、研学旅游和商务旅游市场等领域的重点细分市场。

第三节

总体规划——黄河第一弯湿地•沃特旅游小镇总体规划

一、项目概况

项目所在地为甘肃省甘南藏族自治州玛曲县，近年来大力推进全域旅游开发建设，积极培育塑造“天下黄河第一弯”“世界最大最美的湿地草原”“格萨尔发祥地”“中国赛马之乡”“藏民歌弹唱故里”五张旅游文化名片。其中“天下黄河第一弯”和“世界最大最美的湿地草原”是玛曲县全域旅游最主要的特色名片之一。阿万仓镇沃特湿地作为“天下黄河第一弯”和“世界最大最美的湿地草原”的核心区域，将是玛曲县旅游开发的重点与核心之一。

规划区域内的自然生态资源，以原生态的湿地、草原牧场、河曲等为主；文化上，以藏牧风情文化和藏传佛教文化为主。规划区域内已建成国家3A级旅游景区贡赛尔喀木道湿地公园，并已经着手建设游客中心、停车场、帐篷营地、汽车营地、小木屋等旅游设施，正在积极开发旅游产品。规划区生态文明小康村的建设整合镇区公共服务功能，已建成广场、商业楼、体育设施、公厕等。阿万仓镇区现有的商业街，以生活型业态为主，商铺呈现“杂、小、乱”的经营状态，整体品质不高。镇区北侧有萨尔玛寺，始建于1873年，是拉卜楞寺院108座属寺之一，具有浓厚的藏传佛教文化特色。总体上看，规划区的湿地生态与牧场自然资源特色明显，文化资源较为丰富，旅游开发正在逐步推进，但整体上较为粗放，缺乏高品质、有深度的产品，资源潜能尚未有效释放（图1-31和图1-32）。

图1-31 天下黄河第一弯湿地实景图

图1-32 阿万仓集镇所在的沃特村实景鸟瞰图

二、主要问题

（一）两大限制因素

1. 生态保护约束下，环境管控力度很大

黄河首曲自然保护区作为国家级自然保护区，被明确作为禁止开发区。而阿万仓湿地，位于黄河首曲自然保护区的核心区域，拥有黄河首曲大面积草原湿地，且具有为黄河首曲补给水源的重要功能。草原湿地生态条件虽然能为旅游休闲提供优越环境，但是作为自然保护区也对生态保护提出了更高要求，环境整体管控力度很大，片区开发的生态保护受到严格限制。因此，立项空间和项目类型受限。

2. 现有产业格局下，开发用地条件有限

牧业是阿万仓镇的支柱产业，牧场成为本地居民赖以生存的生产资料。本地对牧场土地的利用十分珍惜、保护十分严格，同时加上国家级自然保护区的高标准要求，双重管控，使得项目区规划受用地、生态保护等限制性因素的影响很大，立项空间和开发建设选择余地有限。

（二）五大关键问题

1. 有资源、缺产品，旅游开发不足

项目区拥有“天下黄河第一弯”湿地、地处“亚洲最美的草原”牧场、是格萨尔王的发祥地，拥有厚重的高原游牧文化、藏传佛教文化，自然和文化旅游资源较为丰富。但整体上旅游产品开发不足，优质旅游资源尚未转换为旅游吸引力，现有已开发旅游产品整体上较为粗放，品质有待提升。

2. 有项目、缺主题，特色凝练不足

项目区已建和在建的旅游项目缺乏一条主线，整体呈现不聚焦、不集聚、不突出和布局较为散乱的状态，主题特色不清、主攻方向不明，在区域旅游格局中差异化的核心卖点与核心吸引力没有形成，亟待进一步地整合资源、凝练特色。

3. 有景点、缺业态，产业培育不足

项目区自然环境可以说是处处是景，同时目前打造了国家3A级旅游景区贡赛尔喀木道湿地公园，拥有娘玛寺、萨尔玛寺等多处自然和人文景点，但整体上以简单的观光游览功能为主，能够将客人留下、住下来之后的相关旅游配套服务不足，从“食、住、行、游、购、娱”到“商、养、学、闲、情、奇”整个旅游产业要素体系有待构建，整体上业态导入不足、缺乏产业支撑，发展效能与后劲不足。

4. 有环境、缺配套，接待配套不足

项目区湿地、草原、牧场、河曲、山峦，具有极佳的自然环境优势，整体生态环境较为优越，但生态环境尚未转换成旅游休闲产品，生态资源尚未转换为生态资产，对于旅游休闲经济发展而言，尤其面对今后要打造“国家高等级的旅游景区”和“极具吸引力的特色小镇”目标，围绕旅游的接待和专项配套明显不足，游客“难住下、难闲下、难留下”。

5. 有文化、没体验，深度挖掘不足

项目区及其周边拥有厚重的高原游牧文化、藏传佛教文化、格萨尔王文化、特色藏牧民俗文化等，文化呈多样性，但是在游客旅游活动中，体验不深入，挖掘不充足，融入不充分。

三、规划思考

在充分厘清本项目开发建设的限制性因素与关键问题的基础上，紧扣问题导向、市场导向和竞争导向，研究提出本项目的核心开发思路，以期在“核心资源开发受严控、土地利用空间受严限”的条件下，钻出一条“观光隧道”。也为同类条件项目的规划开发提供参考。

针对本项目上述面临的限制因素和关键问题，研究提出本项目的开发思路与总体定位。即“立足天下黄河第一弯湿地，又跳出湿地，着重延伸打造沃特民俗风情小镇 ，并有效整合娘玛寺、萨尔玛寺宗教文化资源，积极培育打造国家5A级旅游景区、国家级特色小镇，并全力塑造“天堂湿地、人间净土”的核心品牌形象。同时，研究提出了本项目规划的三大核心理念。

（一）天人合一、敬畏自然

研究认为，项目在湿地本身的利用上，应紧扣“天人合一”的理念，本着

“敬畏自然”的心念，以保护为主，以适度的、必要的基本配套为辅，避免过多的人为干预。

（二）借重湿地、带活小镇

借重湿地，是指依托“天下黄河第一弯湿地”的景观价值与品牌影响力；依托湿地全面带动阿万仓镇镇区所在的沃特村的深度打造与全面盘活，不仅符合湿地保护的要求，更符合阿万仓新型城镇化建设、带动脱贫致富的战略目标，同时也能呈现给游客更深层次的民俗文化风情体验。

（三）有效整合、集聚发力

在信教氛围较浓的甘南玛曲藏民地区，寺庙不仅是本地文化生活的重要载体，也是本地精神生活的一种标志性体现。娘玛寺、萨尔玛寺，作为规划区域内具有较大影响力的藏传佛教寺庙，将其融合到旅游景区布局之中，会大大丰富景区的文化内涵与底蕴，并可有效支撑国家5A级景区的打造。

四、规划要点

（一）在功能布局上
跳出湿地、打造小镇、联动寺庙，构筑旅游发展大格局

黄河第一弯湿地，作为国家自然保护区，由于受生态管控的限制，难以直接开发利用。同时本项目的开发意图在于发挥湿地生态资源价值与效能的同时，要有效地带动本地牧民脱贫致富。

因此，规划认为，可以湿地景观为依托，将开发重点聚焦在“近在咫尺”的阿万仓集镇、沃特村驻地，以此将旅游开发与本地生产生活紧密结合，与本地新型城镇化发展紧密结合、与本地牧民的生产生活及就业紧密结合。既依托湿地，又跳出湿地、打造小镇，并联动寺庙，构筑旅游发展的大格局，支撑天下黄河第一弯湿地旅游区打造国家5A级旅游景区。同时又深化阿万仓集镇的打造，全面推进生活集镇向旅游风情小镇转变。

1. 以“一镇·一寺·一轴·两片”构筑5A级景区战略格局（图1-33，表1-1）

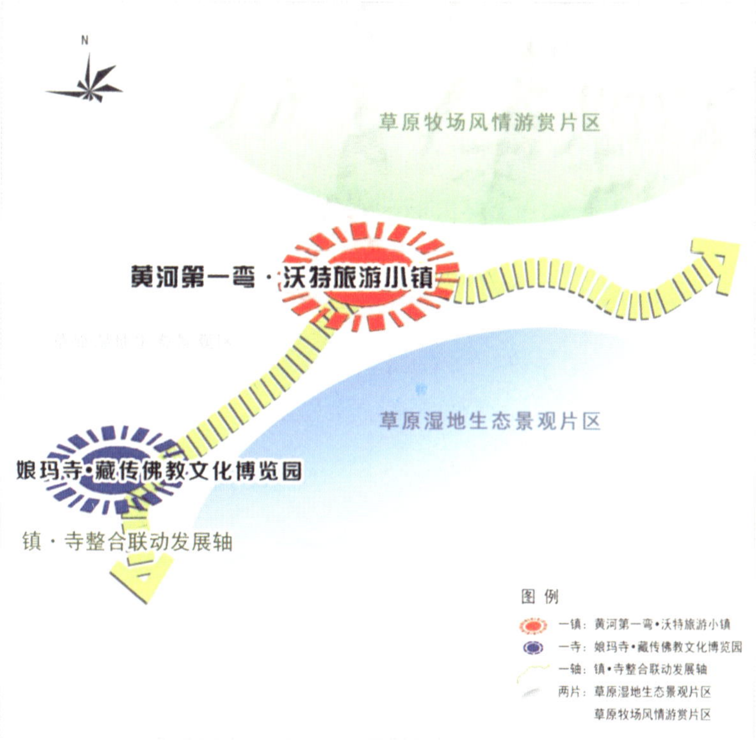

图1-33 沃特旅游小镇战略空间格局规划图

表1-1 空间格局及片区发展思路一览表

一镇	黄河第一弯·沃特旅游小镇	**发展思路**：城旅一体、镇旅融合，通过打造阿万仓镇区驻地沃特国家级特色小镇，城镇建设与旅游发展融为一体，突出草原湿地特色与藏牧风情体验，以及旅游观光、旅居生活体验等旅游产业培育，形成沃特村乃至阿万仓镇特色主导产业支撑，铸就沃特旅游小镇。
一寺	娘玛寺·藏传佛教文化博览园	**发展思路**：将娘玛寺与周边湿地生态资源融合，“拓寺成园”，打造水镜禅韵的藏传佛教文化博览园，引领藏传佛教文化深度体验，放大娘玛寺宗教文化的旅游价值与体验价值，在人气集聚的基础上，带动周边文化旅游产品的开发。
一轴	镇·寺整合联动发展轴	**发展思路**：沿X418北连沃特旅游小镇、南连娘玛寺，形成镇、寺旅游联动发展的格局，并积极提升X418沿线绿化、文化、美化景观，将其打造成玛曲全域旅游风景道示范段。

（续表）

两片	**草原湿地生态景观片区**	**发展思路：**草原湿地片区以湿地保护、湿地生态修复为主，为整个片区的旅游发展提供生态环境与景观支撑，原则上跳出湿地进行旅游开发，人不进入湿地，但以湿地为核心景观吸引物。
	草原牧场风情游赏片区	**发展思路：**在沃特旅游小镇、娘妈寺等旅游发展起来、人气集聚后，有效发挥旅游对周边牧业的带动效应，逐步引导北片牧场片区的牧民主动对接旅游开发，开展草原牧家乐、藏家乐等特色产品与业态，逐步融入整体旅游格局，形成草原牧场风情游赏体验的特色片区。

2. 以“一街·五区”确立核心区沃特旅游小镇的功能布局（图1-34，表1-2）

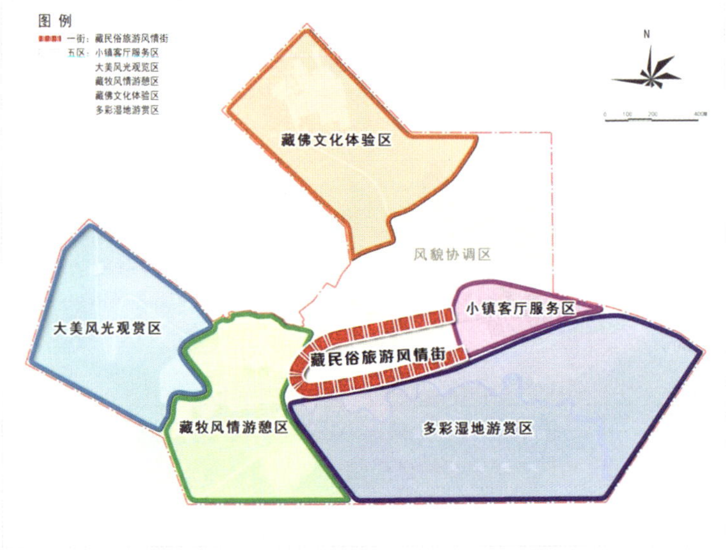

图1-34　沃特旅游小镇核心规划区功能布局图

表1-2　沃特旅游小镇核心区空间功能布局一览表

一街	**藏民俗旅游风情街**	**发展思路：**注重“商旅融合、主客共享”，以藏文化风情为主题，在推进街区环境风貌、建筑风貌整治基础上，强化旅游休闲业态导入，旅游氛围营造、旅游公共服务配套，打造沃特旅游小镇核心休闲体验区、旅居生活配套区和阿万仓城镇形象展示区。

（续表）

五区	小镇客厅服务区	**发展思路：**“游客咨询服务+旅居接待服务”一体化打造沃特旅游小镇的接待服务客厅，构建旅游小镇与城镇入口第一形象区。
	大美风光观览区	**发展思路：**以黄河第一弯草原湿地的大美风光为依托打造沃特旅游小镇的景观地标区。
	藏牧风情游憩区	**发展思路：**“帐篷部落+藏家民宿+藏家牧场+民俗表演+藏俗市集”打造藏牧文化风情浓郁的主题游憩体验板块。
	藏传佛教文化体验区	**发展思路：**在充分尊重藏区宗教礼制、宗教习俗的基础上对镇区萨尔玛寺进行旅游化提升，立足寺庙、带动周边，打造藏传佛教文化体验区，塑造旅游小镇的佛教文化内核。
	多彩湿地游赏区	**发展思路：**打破草原湿地单调的景观格局，适度打造黄河第一弯湿地最美的花海绿洲。

（二）在项目业态上
深化“生态共生”，推进“产旅融合”、彰显“藏牧风情”

1. 天下黄河第一弯湿地

（1）规划理念

紧扣国家级自然保护区生态保护的要求，立足打造“天下黄河第一弯湿地公园”的品牌和品质，跳出湿地本身、紧扣环境保育要求，打响周边贡赛尔喀木道“天下黄河第一弯湿地”最佳观景点、摄影采风点、艺术写生点的知名度，培育玛曲旅游“不得不到、不得不游”的标志性景点之一。

（2）主要吸引物

一是打造360度全景式观景平台，打造最佳观景点、摄影点与艺术写生点，并提升景区旅游容量、集散功能和观览品质（图1–35）。

二是以白塔和经幡长廊等藏域文化地标，塑造天下黄河第一弯湿地公园景区的标志辨识度，融入文化内涵（图1–36和图1–37）。

三是结合藏域建筑特色，结合木质生态格调，配套半山驿站，完善咨询、售票、休闲、休憩、购物、茶餐饮等旅游服务功能（图1–38）。

图1-35　360度全景式观景台意向效果图

图1-36　地标白塔意向效果图

图1-37 经幡长廊意向效果图

图1-38 半山驿站意向效果图

四是结合高原草原的特性，注重吉祥寓意，培育格桑花瀑，提升草原地区的色彩丰富度，形成特色看点（图1-39）。

图1-39 格桑花瀑意向效果图

2. 藏牧部落体验园

彰显藏牧风情主题，通过“天然牧场风景+藏域环境风貌+藏式风味美食+藏域特色商品+藏族民俗演艺+藏民服务风尚”等藏区牧民生产生活文化内涵的深入挖掘、深入刻画，活化高原牧区“风景、风貌、风味、风物、风尚、风俗、风骨”体验（图1-40~图1-44）。

图1-40 帐篷营地效果图

图1-41 帐篷主题酒店效果图

图1-42 藏民俗演艺意向图

图1-43　骑技秀场效果图

篝火晚会

藏俗活动

藏式美食

图1-44　藏式民俗活动、美食意向效果图

3. 康乐藏家旅游村

鼓励有条件的住户积极参与旅游开发，提供藏家乐餐饮、藏家民宿等服务，在此基础上，通过逐步示范引导，有效带动更多住户主动融入旅游发展，培育打造沃特康乐藏家旅游村，为旅居游客提供康乐藏家生活体验（图1-45和图1-46）。

图1-45 康乐藏家旅游村风貌改造设计效果图

图1-46 康乐藏家改造设计效果图

4. 沃特旅游风情街

镇旅一体，强化对街区现有生活型商业业态进行优化调整，引入藏俗文化客栈、藏式小酒吧、藏式主题餐厅、藏药坊、藏文化旅游纪念品商店等，同时结合环境氛围营造、环境景观设计、休憩设施配套、文化风情塑造等，打造一条极具藏区风情特色、情景体验感和强劲商业活力的特色旅游休闲街区（图1-47）。

图1-47 沃特旅游风情街改造设计效果图

5. 萨尔玛寺文化园

藏传佛教是藏域文化基因的重要组成部分，规划对项目区的萨尔玛寺进行旅游化提升，面对游客开放，强化对藏传佛教文化的体验，并突出藏传佛教格鲁派寺庙的文化特质，为本地居民和外来游客打造祈福祷告、修养教化、身心净化的藏传佛教文化体验区，塑造沃特旅游小镇的佛教文化内核（图1-48）。

图1-48 萨尔玛寺意向图

（三）在环境景观氛围营造上，尽量彰显藏域文化主题特色

紧扣高原牧区文化风情，对藏域生产生活的文化元素进行提炼，转化为设计元素，融入环境景观的打造之中，让游客对沃特旅游风情小镇文化体验留下深刻记忆、对休憩公共空间的建筑观赏形成标志性印象（图1-49~图1-53）。

图1-49　经幡广场设计效果图

图1-50　X418旅游风景道设计效果图

图1-51 木屋营地设计效果图

图1-52 小镇形象大门设计效果图

图1-53 小镇一角环境风貌整治设计效果图

（四）在公共服务体系配套上
按照国家5A级景区的要求，形成优质公共服务的供给机制

按照国家5A级景区标准的规范化要求，对现有旅游公共服务体系进行提档升级，构建优质的旅游集散服务系统、旅游交通系统、智慧旅游系统、旅游标识系统、旅游环卫系统、旅游安全系统、旅游质量管理系统，形成沃特旅游风情小镇优质的旅游公共服务供给支撑。

（五）在体制机制上
注重顶层设计，形成健康持续的运营管理体制机制

规划提出由玛曲县人民政府成立沃特旅游风情小镇管理委员会，并由一名县委常委负责挂帅、坐镇指挥，阿万仓镇政府主要领导任副职，建立整体化管理协调机构，通过高位协调，确保项目落地与建设的顺畅推进。在此基础上，按现代企业制度，成立“沃特旅游风情小镇旅游投资发展运营有限公司”，统一实施小镇内的旅游引导性开发建设、招商引资和经营管理等工作。为沃特旅游风情小镇，按规划实施建设与健康持续高效运营，提供切实可行的体制机制保障。

第四节

课题研究——溧阳市休闲经济发展研究报告

一、项目概况

（一）溧阳市休闲经济现状概况

溧阳市，地处长三角地区的核心地带，交通环境条件优越，整体生态环境良好，山、水、田、竹、林等要素构成“三山一水六分田”的生态格局，并荣获“国家级优秀旅游城市”“中国最美休闲度假旅游城市”“全国绿化模范县（市）”和“国家生态市”等荣誉称号。溧阳市文化资源底蕴深厚，形成“茶文化”“长寿文化”“音乐文化”“美食文化”“建筑文化”“乡村民俗文化”等为主的文化体系，休闲旅游发展初步成熟，全市已成功创建1个国家旅游度假区（天目湖旅游度假区）、1个省级旅游度假区（曹山旅游度假区）、19家星级乡村旅游休闲区等。

溧阳市在生态环境、资源文化、特色交通、旅游发展等方面都积累了良好的品牌知名度与影响力，休闲经济发展水平在江苏省乃至全国县市级城市中处于较为超前与领先的位置，但在国家大力推行国民休闲计划、深化发展休闲经济的大背景下，在溧阳市旅游与休闲产业发展的新高度与新阶段下，溧阳市委、市政府研究决定把发展高端休闲经济作为全域旅游发展的重要抓手、作为推动全市产业结构转型升级关键举措。因此，本次研究围绕溧阳市深化发展休闲经济的目标，对相关理念内涵、城市休闲发展模式与空间、休闲市场、热点休闲产品、国内外高端休闲经济发展趋势、经验等进行深入研究，意在把溧阳市打造成高品质、新颖、自在、高效益的高端休闲目的地，并逐步建立“溧阳高品质休闲经济发展路径与模式”。

（二）研究意义

本研究立足溧阳城市休闲水平，厘清溧阳休闲经济发展现状与问题、深挖溧阳发展高端休闲经济的竞争力与潜力，通过综合研究，明确溧阳市休闲经济发展总体思路、发展定位、战略建议，为溧阳市休闲经济科学发展提供战略指引，对溧阳市发展高端休闲经济、积极打造高品级休闲城市具有重要的战略意义。

1. 促进溧阳市城市品牌升级

将“高端休闲”经济作为溧阳市重点发展的“四大经济”之一，符合发展的根本要求，在坚持生态文明引领的城市发展核心理念下，为培育城市新经济、新动能，丰富城市产业内涵，彰显城市生态价值，全面建设美丽宜居宜业的公园城市提供有力的支撑。同时，研究可为溧阳市政府及相关行政部门，制定与发展溧阳市休闲经济发展相关的政策、工作指导、招商选资等方面提供基本依据和参考，也可为后续研究范围内相关规划的编制、项目实施等提供参考。

2. 丰富常州市休闲产品供给

多年来，常州市主打主题乐园类旅游产品，高品质度假休闲产品相对缺乏，溧阳市发展高端休闲经济将进一步丰富常州市旅游休闲产品供给，优化常州市休闲产品结构，促进常州市旅游经济发展。

3. 打造区域旅游城市转型升级示范

溧阳市所在的长三角地区是全国旅游经济发展高地，在大休闲时代，区域内众多旅游城市面临旅游产业转型升级的需求，溧阳市大力推进高端休闲经济发展，积极探索城市旅游经济转型升级模式，将起到重要的示范作用。

二、问题难点

（一）五大主要问题

溧阳市当前的休闲经济发展主要存在开发利用不充分、不深入、不精准、不匹配等问题：

1. 休闲产品与业态欠丰富

（1）**高品质的休闲项目与产品不足**。尽管天目湖已创成国家级旅游度假区，丰富了温泉度假、养生度假、体育赛事产品，但溧阳市总体上仍然以生态观光、农业采摘体验、乡村休闲为主，在产品结构中，一方面，具有特色的观光景区景点以及观光方式太少，主题产品系列未形成；另一方面，高品质的休闲度假产品缺乏，尚未形成具有强竞争力的高端休闲产品体系。

（2）**本地居民休闲产业与业态不足**。溧阳市尤其是城区缺少能够让人走走停停、感受城市文化与魅力的休闲空间，特色休闲街、美食街等城市休闲空间供给不足。

（3）**夜休闲产品缺乏**。不论是度假区、景区景点内部还是城市空间，夜休闲项目均明显不足，主要表现为：本地居民夜生活主要以广场舞、商场（晚上10点前）以及部分节庆活动夜演艺（如宋团城灯会）为主；外地游客主要除了大目湖度假区（水世界夜公园以及不定期演艺活动）以外，大部分景区、乡村旅游区夜休闲项目处于空白。

2. 休闲品牌形象支撑不足

溧阳市的旅游品牌形象是“**自在茶香，美音溧阳**”，即是对溧阳市特色茶产业、音乐文化背景的凝练，由向市场传递溧阳天然自在的城市气质，总体上比较符合溧阳休闲经济的发展导向，但支撑“茶香”“美音”“自在”的城市休闲产品与业态、休闲环境、配套设施以及休闲服务均缺乏具象的支撑载体。

3. 休闲环境氛围营造不足

溧阳1号公路构建了溧阳休闲氛围的交通大“骨架”，在交通体验上已为溧阳休闲氛围感知增分不少，但不论是从溧阳休闲文化与资源的深度彰显、优势产品的效能发挥角度来看，还是从打造具有竞争力的休闲城市角度来看，目前的核心景区内外、城区以及乡村的休闲氛围仍需优化提升，尤其是需要强化符合各板块空间与肌底特色的氛围营造。

4. 休闲配套设施与服务不足

城市休闲经济的发展不仅要打造休闲项目与产品，同样要加强和完善公共服务与配套，这既是现代旅游休闲活动发展的需要，也是提升休闲产业总体运行效能的要求，是影响游客满意度和休闲经济竞争力的关键因素。目前溧阳市的休闲配套设施主要集中在天目湖、南山竹海等核心景区内部，景区外部公共空间的休闲设施配套明显不足，尤其是在当前休闲经济快速发展、北部片区蒸蒸日盛的阶段，休闲设施配套与服务是否满足游客实际需求，应成为当下溧阳市休闲经济的关注重点。

5. 休闲产业链延伸与拓展不足

休闲产业的内涵广泛，对地方综合产业与经济发展的带动力较强，在产业融合发展大趋势下，溧阳市休闲经济与其他产业的融合发展空间较大。例如，自驾休闲市场与新能源汽车产业的对接、乡村休闲市场与农业产业的对接等，未来休闲产业链的拓延是休闲经济发展的重要内容。

（二）四大发展重（难）点

1. 如何将生态优势转化为持续、有效、健康的市场优势

溧阳市政府十分关注生态环境保护，先后出台、执行了多项有力、有效的保护措施，为溧阳市高端休闲经济发展奠定了良好的基础。然而，随着“绿水青山就是金山银山”的发展理念不断强化深入，周边地区也高度重视生态环境保护与营造，生态环境的绝对竞争优势在缩小；另外，从溧阳自身发展空间来看，区域优质生态环境空间有限，如何科学、高效、持续的发挥生态环境优势，并将其转化为市场竞争优势，成为本课题研究的重点内容之一。

破题路径：在充分整理生态优势空间的基础上，精准对接市场需求，逐步培育竞争综合优势；严格优选新增项目，力促已有项目优化升级，为消费者提供优质休闲体验；把控发展节奏，适度预留未来发展空间，灵活应对市场变动。

2. 如何释放溧阳城市魅力，塑造溧阳休闲品牌

溧阳是国家级优秀旅游城市，以天目湖、南山竹海、御水温泉等为代表的高品质景区和众多乡村旅游区构筑了溧阳市在广大消费者眼中的旅游形象。然而不论从外部市场诉求角度还是从溧阳城市综合发展要求角度来看，目前的高品质休闲产品供给仍相对不足，休闲氛围尚不浓厚，城市休闲品牌尚未塑成。

破题路径：优化升级溧阳市休闲产品供给体系，加强休闲氛围营造与服务

品质提升，强化城市休闲文化个性；强化溧阳市休闲经济产业价值与综合功能释放，进一步放大休闲产业影响力和融合力；加强溧阳市休闲品牌构建与市场营销推广，通过有影响力的品牌休闲节庆活动，强化休闲城市感知。

3. 大休闲时代下，如何培育溧阳休闲城市个性

溧阳市坐落在整体休闲氛围浓郁，休闲需求旺盛的长三角地区，不论从资源禀赋、文化历史，还是产品供给等角度来看，都会面临强大的竞争对手，差异化难、竞争性强、可复制性高，对休闲产品差异化开发带来难度。例如，从相邻地区来看，南山竹海与宜兴竹海、曹山与南京高淳（国际慢城）、瓦屋山与茅山——均存在资源相似、文化同根、产品同质的现象；从更广泛的地区来看，宜兴、扬州、苏州、南京等地区都凸显休闲城市打造方向，溧阳如何差异化发展休闲经济，凸显城市个性是溧阳发展休闲经济亟待解决的问题。

破题路径：深入挖掘溧阳历史文化特色，并将其创新融入休闲产品项目中；整合溧阳优势产业，突出传统休闲要素与溧阳特色产业的创新融合；进一步彰显与优化已形成的城市特色，如依托1号公路目前奠定的休闲交通骨架，充实休闲要素与体验项目，打造“有血有肉”的休闲交通等。

4. 休闲需求变动下，如何精准把握休闲经济发展方向和尺度

休闲本身具有变动性、时尚性的特点，面对休闲市场不断变化的市场需求，如何把握溧阳市休闲经济导向和休闲产品规模尺度，是本课题研究的重点与难点。这“导向和尺度”均对溧阳市当前的旅游产品供给结构与服务体系的完善提出了挑战。

破题路径：通过对休闲经济发展趋势的深入研究，结合溧阳市休闲资源基底，以打造休闲城市，高位谋划休闲经济发展方向；前瞻性把握“休闲度假、康体养生、乡村慢游、亲子休闲、深度体验、创意新奇、高端精致”等为标签的游客消费偏好，引导溧阳高品质休闲的需求。

三、研究思考

通过对溧阳市休闲产业的深入调研，不以短期休闲经济爆发性增长为最终

目的，而是以城市品牌价值提升，城市综合效益放大，城市休闲满意度、幸福度提高以及城市健康可持续发展为宗旨，对溧阳市当前发展高端休闲经济提出以下建议：

（一）发展思路

坚持系统化思维，把“高端休闲度假目的地”建设作为倒逼溧阳全市全域高质量发展的重要手段，通过“高端休闲+”或是“+高端休闲”，推动全市产业转型升级、公共服务水平提升以及城乡休闲环境、基础设施建设等各个方面优化，从而促进溧阳市经济、社会、生态的全面、健康、可持续发展。

（二）总体定位

突出溧阳城市休闲个性与文化特色，以健康养生休闲为核心，丰富亲子度假休闲、体育运动休闲、商务会展休闲、自然乡村休闲等内容，打造全国知名的高端休闲度假目的地、全国优质旅游发展的先行先试区，并进入中国十大品质休闲（县）市。

（三）品牌定位

进一步丰富“自在茶香，美音溧阳”的品牌内涵，突出“自在”“茶香”“美音”等关键标签的系列内容支撑，将旅游形象品牌转化成溧阳休闲城市品牌。

（四）建设节奏

精准把握市场需求，在严格优选新增项目、优化已有项目、满足消费者优质休闲体验需求的基础上，把控建设发展节奏，适度预留未来发展空间，以灵活应对市场变动。

四、实施要点

（一）以“特色鲜明、差异互补”为导向，引导休闲产业发展布局

结合溧阳市土地利用规划、产业布局引导与现状项目业态的格局、产业与

休闲经济发展的契合度等，充分考虑休闲产业自身条件，遵循“分块引导、协调开发；市场导向、因地制宜；特色差异、产业丰富；环境和谐、持续发展”等四大原则对区域休闲产业发展进行引导（图1-54，表1-3）。

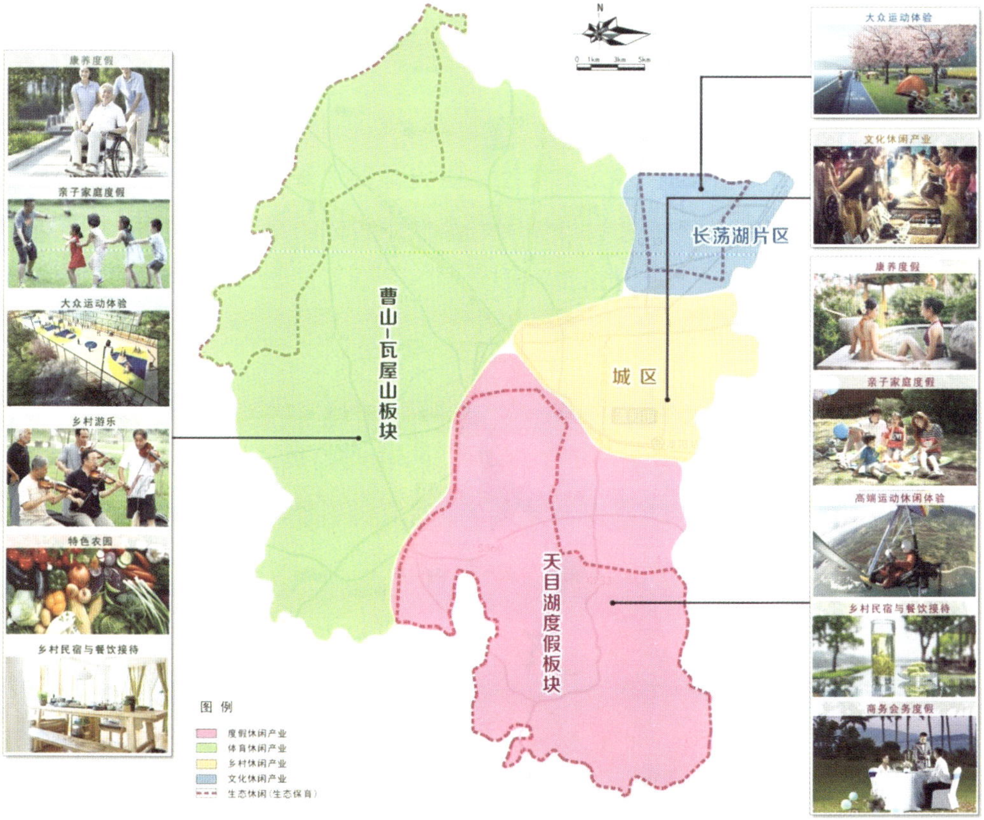

图1-54 溧阳市休闲产业引导图

表1-3 溧阳市休闲产业发展引导表

休闲产业类型		空间分布	引导方向
度假休闲产业	康养度假	天目湖旅游度假区（含南山竹海片区）	①依托度假区山水生态环境，引入国际医疗、养生、保健、疗养、康复等企业和机构，推动疗养产业发展；②健康养生论坛、主题节庆。
		曹山部分乡村板块	依托自然乡村，针对银发客群，推出养生“享老”休闲产品。
	亲子家庭度假	天目湖旅游度假区（含南山竹海）	①亲子酒店；②生态与文化研学产品。
		曹山板块	①亲子酒店；②主题游乐；③农业科普研学。
	商务会务度假	天目湖旅游度假区（含南山竹海片区）	①商务主题酒店；②商务度假俱乐部；③会奖旅游产品。
体育休闲产业	高端运动休闲体验	天目湖度假区	①马术俱乐部、高空体验等高端运动项目引入，丰富度假休闲生活；②体育康疗。
体育休闲产业	大众运动体验	曹山、瓦屋山为主长荡湖沿湖片区以及城区为辅	①发展体育主题小镇、体育示范基地，进行体育培训与教育等；②运动主题住宿、餐饮；③举办体育运动相关竞技、赛事、节庆活动；④体育用品装备产业培育；⑤体育健身场馆丰富。
乡村休闲产业	乡村游乐	曹山片区	针对“银发享老”市场，考虑相关设施配套与文化休闲体验活动，如院落棋牌休闲、养花种菜体验以及太极、舞剑等养生运动。
	特色农园	曹山片区	①加强已有特色农园种植品类、主题特色差异化引导；②加强农业产业链延伸，鼓励农产品加工、物流等产业培育与引导，并加强农产品品质监测与保障，开发丰富的特色休闲农产品（旅游商品）。

（续表）

休闲产业类型		空间分布	引导方向
乡村休闲产业	乡村民宿与餐饮	溧阳市域旅游乡村板块	①溧阳茶舍；②特色田园乡村；③特色美食、菜品。
文化休闲产业	以中心城区为主，以乡村各板块特色村庄为辅		①优化并增加溧阳市特色文化场馆与市民文化休闲场所；②加强乡村文化休闲场所、广场建设；③居民文化节庆活动；④丰富文化小品，营造全市文化休闲氛围。
生态休闲（生态保育）	溧阳市生态湖泊、湿地、林地及其周边生态保护保护范围		**发展思路**：严格遵守生态红线保护要求，合理、适度引入休闲项目，并在此基础上，结合各板块生态休闲项目布局、生态景观、生态交通等建设，延伸生态脉络，构建溧阳市特色生态休闲网络。
备注：溧阳市休闲产业布局引导，是按照各区块的主要产业进行划分，部分区域会存在不同产业的叠加融合发展。			

（二）突出核心龙头带动，交通网络辐射作用构建全域共建共享发展大格局

立足溧阳市休闲经济开发条件、综合发展现状、交通网络格局等，考虑到资源整合开发、生态文化保护、旅游公共服务体系构建等要求，确定溧阳市休闲经济发展大格局为“核心引爆、亮点支撑、网络聚力”的全域共建共享空间发展格局。核心引爆，即天目湖度假休闲板块（龙头引擎）、曹山—瓦屋山乐动休闲板块（后劲增长极）；亮点支撑，即城旅融合文化休闲片区、长荡湖生态休闲片区；网络聚力，即以1号公路为主的休闲网（图1-55）。

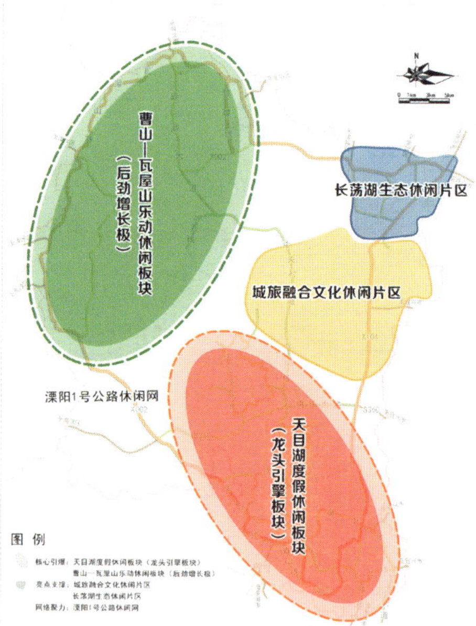

图1-55 溧阳市休闲产业空间布局图

（三）以“高品质、高效益、高福祉”为核心突出主要休闲板块的业态优化升级

表1-4 溧阳市各休闲板块发展引导表

功能板块	发展方向建议
天目湖度假休闲板块（龙头引擎板块）	主营康养度假市场、家庭（银发、亲子）市场、商旅市场，重点引入高品质“康疗养生休闲”“亲子休闲度假”“商务会务休闲度假”产品，适当丰富乡村休闲、运动休闲、研学体验等，强化服务品质化、配套设施智慧化、休闲生活氛围化等内容。
曹山—瓦屋山乐动休闲板块（后劲增长极）	主营体育休闲、亲子游乐、农业休闲、田园养老四大休闲主题，突出游乐休闲、体育休闲、享老休闲、乡村休闲、住宿休闲（主题酒店、乡村院落式民宿）、美食休闲六大休闲业态，构筑360度全时、全龄、全态、全方位乐活休闲体验板块。
城旅融合文化休闲板块	主营文化休闲、美食休闲、夜休闲、城市公园与广场四大休闲业态产品，突出城市的休闲游憩功能，促进城市商业、城市景观、城市交通、城市建筑、城市服务等与休闲产业的充分对接，提升城市公共休闲设施水平，塑造有独特吸引力的城市休闲氛围。
长荡湖生态休闲板块	重点围绕长寿文化、湖泊文化、美食文化以及无人机等特色产业基础，依托别桥镇和上黄镇发展生态养生、环湖运动、绿色湖鲜美食等休闲产品。
溧阳1号公路休闲网	突出道路交通资源休闲化发展理念，针对自驾游、自助游市场，通过沿线景观主题化提升、公共配套完善、导航服务升级、休闲节点培育以及特色交通服务工具创新等，将“网红之路”打造成名副其实的“休闲之路”。

1. 天目湖度假休闲板块（精品龙头板块）

作为溧阳市休闲产业发展龙头板块，天目湖未来休闲产品与业态引导应综合考虑以下因素（表1-4）：

生态空间最优化利用：天目湖板块生态保护强而有力，后续开发度假设施与产品优势突出，然而在这“寸土寸金”的地块，需优选最具开发价值的、最“健康”的休闲产品与项目。**核心市场精准化对接**：立足打造高品质休闲城市的目标，从溧阳市高端休闲经济发展定位、休闲市场趋势等方面，确定主抓客群市场，针对其偏好提供服务并引导需求。**综合效益最大化发挥**：休闲产业引导一方面需考虑休闲产品本身的经济效益与市场价值，另一方面需要综合考

虑对项目地的生态、文化资源的保护与健康可持续发展、对本地特色产业以及乡村的带动等。**已有产品最佳化互补：**目前主要以生态观光、生态度假、部分养生度假为主，配套设施主要集中在中高端层面，产品结构性供给不足，未来应充分考虑对现有产品的补充，优化产品供给，实现最优配置。

着重培育和构建如下“两大主题、三大核心、系列专项”的天目湖休闲度假产品体系，见图1-56~图1-66。

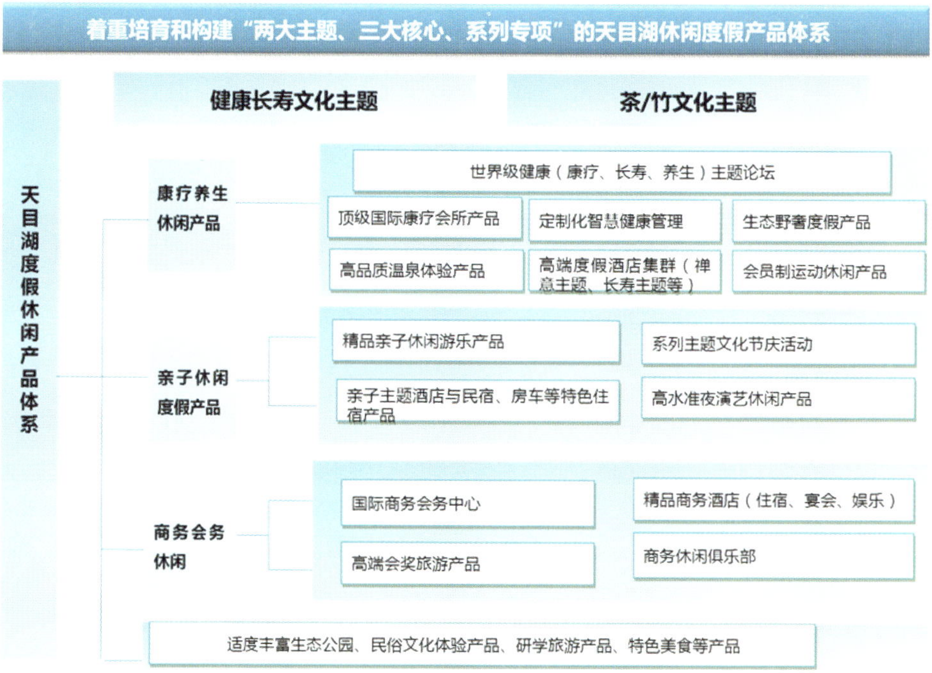

图1-56 天目湖度假休闲产品谱系图

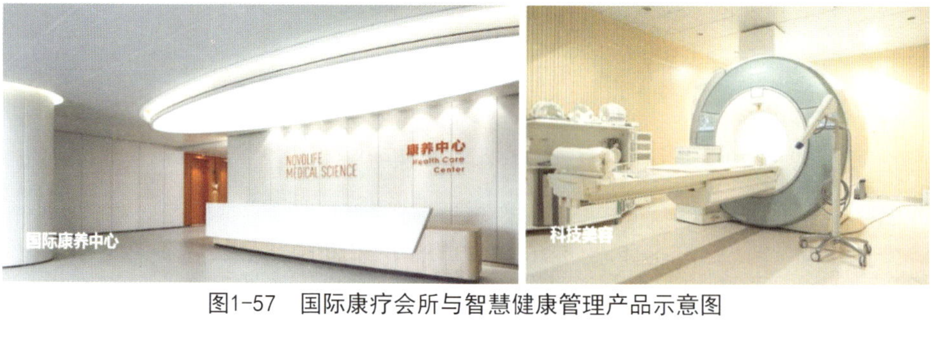

图1-57 国际康疗会所与智慧健康管理产品示意图

图1-58 生态野奢度假产品示意图

图1-59 高品质温泉体验产品示意图

图1-60 高端酒店集群示意图

图1-61 高端会员制运动产品示意图

图1-62　天目湖国际会议会展中心示意图

图1-63　特色房车示意图

图1-64　亲子休闲度假产品示意图

图1-65　演艺休闲产品示意图

图1-66　主题节庆活动示意图——美音溧阳音乐节

2. 曹山—瓦屋山乐动休闲板块（后劲增长极）

（表1-5，图1-67~图1-70）

表1-5　特色项目引导

360度全时、全龄、全态、全方位乐活休闲体验板块	
3大休闲空间	生态山体、旅游景区景点（含特色农园）、自然村庄
4大休闲主题	体育休闲、亲子游乐、农业休闲、田园养老
5大重点项目	山地主题乐园、亲子主题酒店、瓦屋山体育示范基地、农作物主题村庄、自然慢享民宿
6大休闲业态	游乐休闲、体育休闲、享老休闲、乡村休闲、住宿休闲（主题酒店、乡村院落式民宿）、美食休闲

图1-67　山地主题乐园示意图

图1-68　亲子主题酒店示意图

图1-69　瓦屋山体育示范基地示意图

图1-70 自然慢享民宿示意图

3. 城旅融合文化休闲片区

突出城市的休闲“游憩”功能与社会资源休闲化转化，促进城市商业、城市景观、城市交通、城市建筑、城市服务等与休闲产业充分对接，提升城市休闲设施水平，塑造具有独特吸引力的城市休闲氛围（图1-71~图1-73）。特色休闲产业引导如下：

文化休闲类（以团城RBD为例）	美食休闲类（以休闲美食街为例）	夜休闲类（以休闲夜市为例）	城市公园与广场（以城市公园为例）

图1-71 团城RBD意向图

图1-72 休闲美食街意向图

图1-73　休闲夜市意向图

4. 长荡湖生态休闲片区

对接《长荡湖概念性总体发展规划设计》，长荡湖片区重点围绕长寿文化、湖泊文化、美食文化以及无人机等特色产业，依托别桥镇和上黄镇发展生态养生、环湖运动、湖鲜美食等产品。特色休闲产业引导如下：

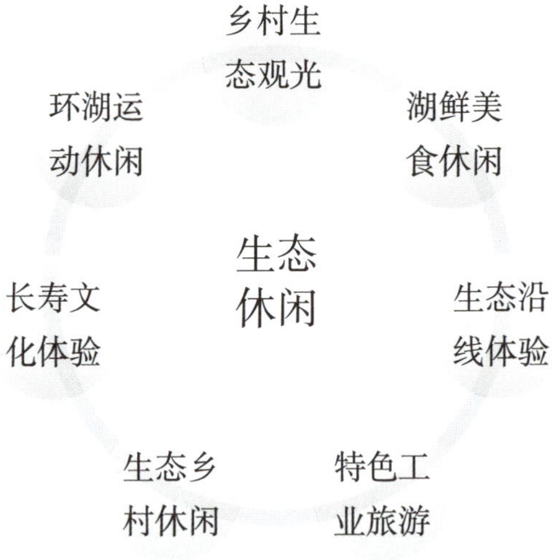

5. 溧阳1号公路休闲网

自驾交通配套：在现有驿站、观景平台的基础上，结合主要旅游景区景点，引导沿线自驾车营地、露营地等建设，并适度配备汽车服务设施，优化自驾体验。

智慧服务体系：对接溧阳智慧旅游系统，强化驿站服务智慧化、沿线标识智慧化以及智慧导航系统建设等，优化交通管理与服务，打造溧阳智慧旅游、智慧休闲的最佳体验路网。

特色产业引导：充分利用1号公路沿线规模化设施农业、国家休闲农业示范基地等，引导发展景观花海、景观稻米等创意农业新产品，强化多样化特色产业发展。

生态乡村引导：鼓励沿线综合条件优越的乡村积极发展乡村休闲旅游，深入推动农商文旅融合发展，吸引优质社会资本开发乡村资源，促进乡村形态提升与产业发展深度融合，打造乡村振兴的“溧阳样本”。依托戴埠、天目湖、社渚、南渡、上兴、竹箦、别桥镇等发展绿色有机生态食品。

交通景观引导：合理选择景观节点，结合点位地形基础、农业景观基础和文脉基础，兼顾核心休闲片区指示导航作用，形成“十分钟一看点，半小时一停点，两小时一驻点”的完善自驾游憩网络（图1-74）。

图1-74 驿站分布图

（四）以“休闲公共服务体系”为抓手，引领服务品质优化升级

突出“特色化、智慧化、爱心化、国际化”四大导向，以产品理念优化提升溧阳市休闲公共服务体系，并以此为抓手，引领服务品质优化升级，将溧阳市休闲公共服务体系作为提升溧阳休闲经济竞争力、提高全市公共服务品质的关键要素进行培育，打造江苏省县市级旅游休闲公共服务示范区（图1-75~图1-77）。

图1-75 1号公路沿线主题驿站设计效果图一

图1-76 1号公路沿线主题驿站设计效果图二

图1-77 1号公路沿线主题驿站设计效果图三

（五）以“X+休闲”产业创新融合，深化休闲业态综合创效

在构建“溧阳市休闲产品体系”基础上，通过强化休闲的融合效应，盘活全域休闲资源、优化休闲要素、带动综合产业发展，充分释放休闲经济在国民经济中活力与动力，推动全域社会经济发展。逐步深化推进溧阳市体育产业、健康产业、养老产业、农业产业、文化产业、交通产业、教育产业七大特色产业与休闲产业的融合发展，创新培育新型休闲业态 。

（六）以“点、线、面、网”为支撑，凸显休闲氛围营造与升级

围绕溧阳“自在茶香，美音溧阳”的形象、高端休闲旅游目的地发展愿景，以“点、线、面、网”（关键休闲节点、产品连接线、休闲板块面、1号公路交通网）为支撑，引导溧阳市全域高品质休闲氛围再造与升级。

（七）突出“生态为基、文化为魂”的理念强化休闲资源与环境保护

在溧阳休闲经济发展的始终，坚持并深化“绿水青山就是金山银山”的生态理念，加强休闲产业综合带动功能，推动全市自然与人文资源的保护和修复以及生态与发展环境的改善和优化。

（八）丰富“自在茶香，美音溧阳”的城市休闲品牌内涵推进休闲城市形象构建

围绕“自在茶香，美音溧阳”的城市休闲品牌，进一步强化核心标签支撑，如通过广域的音乐景观、常态的音乐舞台、鲜明的主题活动、全面的产业延伸四大支撑，结合高频次触达、全感官体验 、大人群参与、重主题造势、优平台服务、深层次拓展六大措施，全面支撑“美音溧阳”的品牌内涵，打造溧阳市休闲旅游发展的个性化标签。

（九）以“政策倾斜、引智育智”为途径，助力护航休闲经济发展

政策上，制定出台《关于推进溧阳市高端休闲经济发展的意见》，鼓励和引导相关部门、各相关乡镇出台相关制度措施，全面支持高端休闲经济发展工作。制定出台《溧阳市高端休闲经济发展考核细则》，细化对项目建设、招

引、品质服务等的考核。同时加大资金、人才等方面的保障。

本研究还建议：溧阳市休闲经济发展必须坚持品质开发与提升，并重视对地区生态环境保护、对本土文化复兴与传承以及对优势产业的强化，严控低水平重复建设，在招商引资的过程中，应强化“招商选资”的思路，重视“定向招商”，制定符合自身发展需求的鼓励性项目清单与限制性项目清单，以避免因盲目招商而引起的对项目区域文化、环境等资源条件的破坏。

第五节

课题研究——宜兴市全域旅游公共服务体系规划研究

一、项目概况

（一）项目背景

宜兴市位于江苏省无锡市境内，县级建制。

首先，国家、省、市各层面积极推进旅游公共服务体系的建设，将其作为重点工作抓手。2019年，文化和旅游部将“着力推进公共服务覆盖面和实效性”作为十项任务之一，江苏省文化和旅游厅将“扎实推进公共服务体系建设”作为九大工作要点之一，持续推进旅游公共服务体系的建设。

其次，大众旅游时代来临，旅游市场散客化趋势显著，游客游览内容和旅游方式的多元化需求不断扩张，散客市场更加强调旅游活动的自主性、灵活性和多样性，对旅游安全保障、旅游信息咨询、旅游交通指引等旅游公共服务的需求更加强烈。

最后，全域旅游上升为国家战略，成为区域统筹、融合发展的重要抓手。宜兴市入选第二批国家全域旅游示范区创建单位，积极推动旅游业由景区旅游向全域旅游发展模式转变，促进旅游业转型升级、提质增效，构建新型旅游发展格局，希望通过高标准、高质量推进全域旅游公共服务体系建设，带动宜兴市社会经济的高效发展和综合竞争力的显著提升。

（二）研究目的

（1）**审时度势、重新认知**：探索全域旅游及大众休闲时代背景下，宜兴市对旅游公共服务体系的新要求。

（2）**多维视角、意义拓深**：探寻宜兴市在社会经济发展与城市建设中，旅游公共服务体系的意义所在。

（3）**把脉现状、找准症结**：探究宜兴市旅游公共服务体系的建设现状及公共服务体系存在的关键问题。

（4）**创新思路、塑造特色**：探研宜兴市全域旅游公共服务体系打造中“宜兴特色”挖掘及建设战略重点。

（5）**明确抓手、全力突破**：探求宜兴市全域旅游公共服务体系打造中的关键要素和主要抓手。

（三）必要性

1. 全域旅游示范区创建的“必由之路”

全域旅游公共服务体系已是宜兴市全域旅游示范区创建的重点突破口。全域旅游创建验收细则中，基本项目1000分，创新项目200分，共计1200分，全域旅游公共服务体系相关的内容，涵盖公共服务、资源环境、秩序与安全三大基本项目，以及公共服务创新示范项、科技与服务创新示范项，总分达530分，权重较大。因此，旅游公共服务体系建设成为是全域旅游创建的关键抓手。

2. 城市品牌形象塑造的“必要支撑”

旅游公共服务体系是城市公共服务与城市品牌形象展示的窗口。旅游公共服务体系，是“中国陶都、陶醉中国”城市品牌形象彰显的重要载体。环境氛围、景观节点、全域旅游标识系统等旅游公共服务要素，将成为宜兴市城市品牌形象的放大器与推广器。

3. 城市文化内涵彰显的“必然选择”

全域旅游公共服务体系是城市文化内涵彰显的载体。利用宜兴市旅游公共服务体系的建设，可以分片区、分主题对“文雅宜兴”深厚多元的文化内涵（“陶瓷之乡”“书画之乡”“教授之乡”“历史名城”“禅茶之乡”“梁祝之乡”等）进行充分展示与再现，作为宜兴市民及游客对宜兴文化感知、对宜兴文化内涵彰显传播的重要载体。

4. 城市营商环境提升的“必要抓手”

全域旅游公共服务体系是城市营商环境优化及高质量发展的重要抓手。通过公共服务体系发展，促进提升城市环境治理、改善城市交通条件、完善城市人性化设施、提升城市生活品质、升级营商服务环境，积极推动创新能力强、科技含量高的高新技术企业、国内外知名的大型旅游服务企业入驻宜兴，加快宜兴产业转型升级，促进宜兴高质量内涵式发展。

5. 城市人文氛围提升的“必备措施”

全域旅游公共服务体系是城市人文氛围提升的重要路径。通过全域旅游公共服务体系的建设，规范旅游市场秩序，促进旅游环境安全和谐、积极倡导文明旅游行为等，有效提升旅游公共服务软环境及旅游服务品质，促进宜兴市人文氛围的提升。

6. 民生福祉增进的必要“必要工程”

全域旅游公共服务体系是宜兴市富民工程的着力点。旅游公共服务体系的完善，能大力推动居民公共服务供给水平的提升、促进市民居住环境的改善。由于环境的优化可促进投资，从而可为本地居民提供更多的就业机会，所以，既是增加民生福祉的重要渠道，也有利于积极推进“宜居、宜游、宜业”现代城市的打造。

二、六大关键问题

（一）认识不足，发展理念亟须创新

近年来，宜兴市在旅游业发展以及旅游公共服务体系建设方面都取得了一定成绩，但是由于对旅游公共服务体系的重要性、内容、特性等认识不到位，在发展过程中存在重硬件建设、轻忽略软件提升，重视景区公共服务设施的完善、轻视忽略全域旅游目的地的系统性布局等，旅游公共服务仅是作为配套，缺少新型的产品导向的思维，还没有将其提到推动打造城市旅游品牌形象的打

造及提升旅游目的地竞争力的战略高度进行科学规划与建设，在资金投入、政策配套、资源配置等方面未能及时有效地跟进，表现出旅游公共服务体系发展的保障力不足。

（二）联动不足，顶层设计亟须加强

旅游公共服务体系的系统性强，牵涉到包括旅游、住建、交通、商务、卫生、公安、城管、科技、国土等多个部门，仅靠旅游部门难以全面推进旅游公共服务体系建设，需要形成多部门综合联动、跨行业协调管理的强大推动力，进行旅游公共服务体系的统筹协调，还需要出台一系列政策、措施为发展旅游公共服务体系提供有效的保障。同时，旅游公共服务体系存在公益性为主、商业性为辅的特征，宜兴市在旅游公共服务体系的建设运营中，需要在政府主导的同时，适度引入市场机制，增强运营管理的灵活性。

（三）投入不够，供需之间存在差距

宜兴市推进了旅游交通、旅游标识系统、智慧旅游系统、信息咨询、旅游标准化等方面建设，在旅游公共服务体系建设方面取得了很大进展，但与日益增大的游客市场对旅游公共服务的需求相比，还存在较大差距。宜兴市的游客咨询服务、旅游公共交通、旅游标识系统、旅游厕所、自驾游服务等方面配套还不到位，旅游服务品质、旅游人才队伍建设等方面有待提升。另外，由于宜兴市的旅游产业发展不平衡、乡镇级政府重视程度不同，客观存在南部与北部旅游公共服务体系发展不平衡的问题。

（四）特色不浓，城市文化彰显不足

宜兴市文化底蕴深厚，是众所周知的“书画之乡”“陶瓷之乡”“教授之乡”，但在城市公共服务体系建设中，对宜兴本地文化内涵缺乏有效融入，设计风格与其他城市有所雷同，游客游览时并不能很好地感知到宜兴独特的人文内涵；有的旅游公共服务设施并未有效彰显宜兴的城市形象，也未能体现宜兴独到的精神内涵。

（五）建设不精，设施品质有待提高

宜兴市旅游公共服务体系建设还存在缺乏规范、品质不佳、数量不足等问

题，在旅游交通、旅游标识、旅游驿站、智慧旅游、旅游咨询等项目中，还存在许多需要提升完善的方面，如按照道路交通指示的规范标准对旅游交通标识进行提升，按照旅游厕所的规范标准实施厕所革命，按照旅游景区、旅游度假区的规范标准对旅游项目区的公共服务体系进行完善等。

（六）服务欠佳，服务品质亟待提升

宜兴市正在积极打造“文化生态国际旅游城市”“全域旅游示范区”“宁杭生态经济带新兴中心城市”，宜兴市将旅游作为城市竞争力和综合实力提升的重要抓手，旅游发展对城市形象的提升意义重大。但目前，宜兴市在部分旅游服务品质上表现偏低，是宜兴市旅游发展的薄弱环节之一，亟待通过旅游服务管理的规范化、旅游服务技能培训的常态化来提升。

三、研究思考

（一）突出一大核心理念

突出“宜为用、艺载魂”核心理念，积极引导旅游公共服务人性化、品质化、特色化、智慧化发展，形成宜兴市全域旅游的特色亮点。

（二）理清四大关系

（1）**标准化与特色化**。在重视标准化、规范化建设的基础上，强调特色与个性的彰显。通过公共服务载体的文化内涵融入、艺术化表达，打造宜兴市全域旅游特色亮点。

（2）**公益性与商业性**。以公益性为主导，构建主客共享的品质服务环境，在某些部分与环节，适当引入商业性的竞争机制，提高旅游公共服务体系建设的创新力，提升公共服务品质。

（3）**本土化与国际化**。在风格上，结合本地的生态特性、融汇本地的文化属性；在功能上，要强化国际化水准，服务质量与管理水平要与国际接轨，有效支撑宜兴市打造“文化生态国际旅游城市”。

（4）近期与中远期。侧重近期、谋划长远，结合宜兴市旅游资源空间分布特征、旅游发展的现状、“国家全域旅游示范区”创建及“文化生态国际旅游城市”的打造的相关要求，长远谋划、分期落实。

四. 实施要点

实施“七大工程”，系统提升宜兴旅游公共服务。

（一）旅游集散与咨询服务体系建设工程

（1）采用“分级设置+网络化布局”，打造三个层级的旅游服务中心体系。

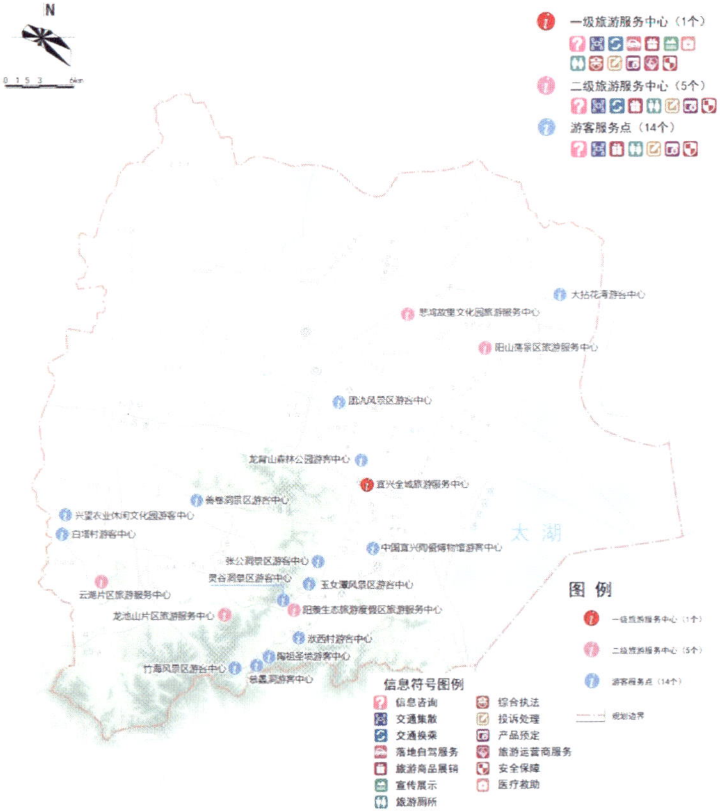

图1-78 旅游集散与咨询服务体系规划图

（2）完善游客集散与咨询服务功能。为游客提供信息咨询、交通集散、交通换乘、落地自驾、旅游商品展销、宣传展示、旅游厕所、综合执法、投诉处理、产品预订、旅游运营商服务、安全保障、医疗救助等服务（图1-78）。

（3）引导城市交通站点、商贸街区、接待服务设施、公共休闲设施等增设旅游服务功能（图1-79和图1-80）。

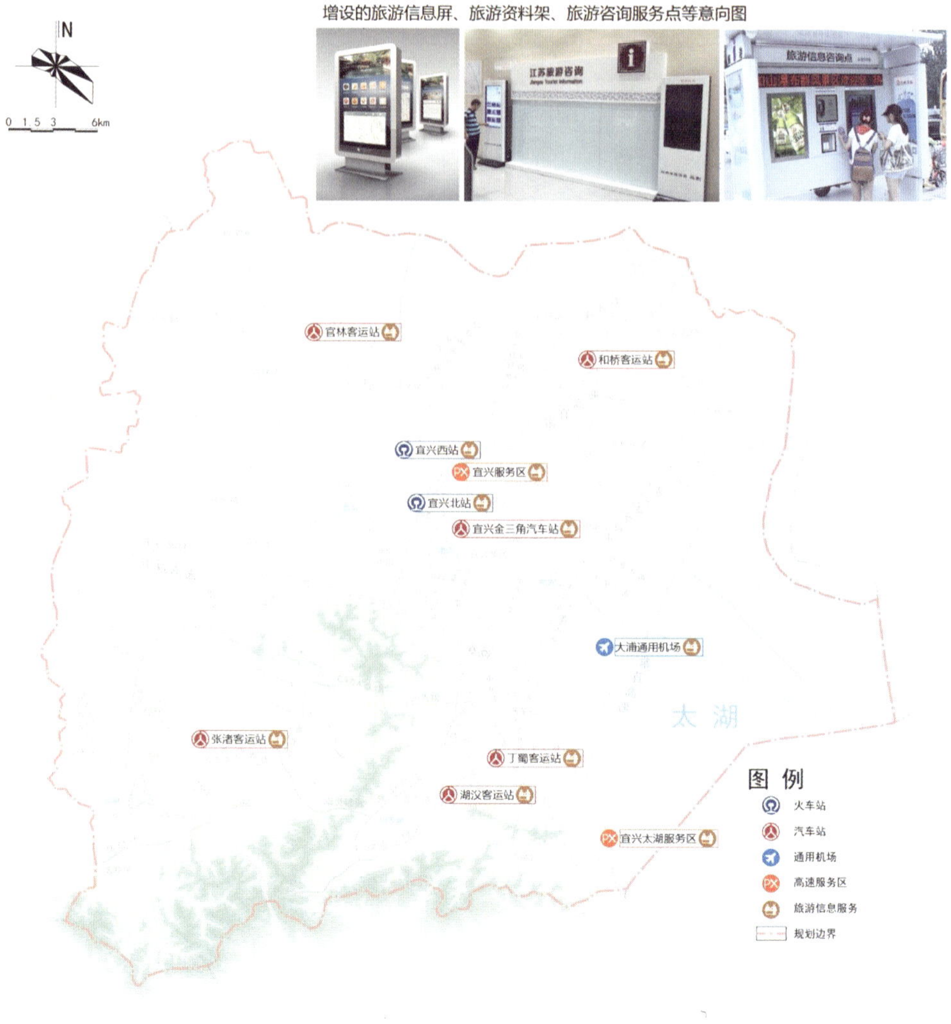

图1-79 城市交通站点增设旅游服务示意图

图1-80 酒店增设旅游服务示意图

（二）“风景道+绿道”休闲道路网络提升工程

风景道兼具机动车休闲与自行车、步行休闲等多样化功能，绿道以骑行、步行等慢行休闲功能为主，通过风景道与绿道的连接，实现“快慢结合、远近相融”，休闲通道的通达性与“慢生活”的生态、休闲、康体、游憩功能相得益彰，打造宜兴市全域旅游发展的便捷旅游交通载体。

引导宜兴市域不同的旅游项目区结合资源条件进行绿道的开辟与优化，如依托水系、山体、田园、乡村等，合理设置多样化的自行车绿道，开展滨水骑行、田园骑行、乡村骑行、临山骑行等，丰富骑行体验，并构建休闲绿道体系，对宜兴的旅游资源进行有效的串联（图1-81~图1-84）。

图1-81 旅游休闲道路规划图

图1-82　滨水、田园绿道意向图

图1-83　乡村绿道意向图

图1-84　骑行驿站意向图

（三）“宜行”旅游交通便捷服务提升工程

（1）提升旅游公共交通服务功能，设立旅游快线，构建从全域旅游服务中心通往几大片区的交通便捷服务，优化旅游环线、设立旅游轨道交通，提升旅游交通的便捷性及景区之间的通达性（图1-85）；

（2）推进自驾游时代的全域旅游标识系统建设；

（3）完善落地自驾服务；

（4）推动“自驾游基地+服务点”建设；

（5）优化停车场设施建设。

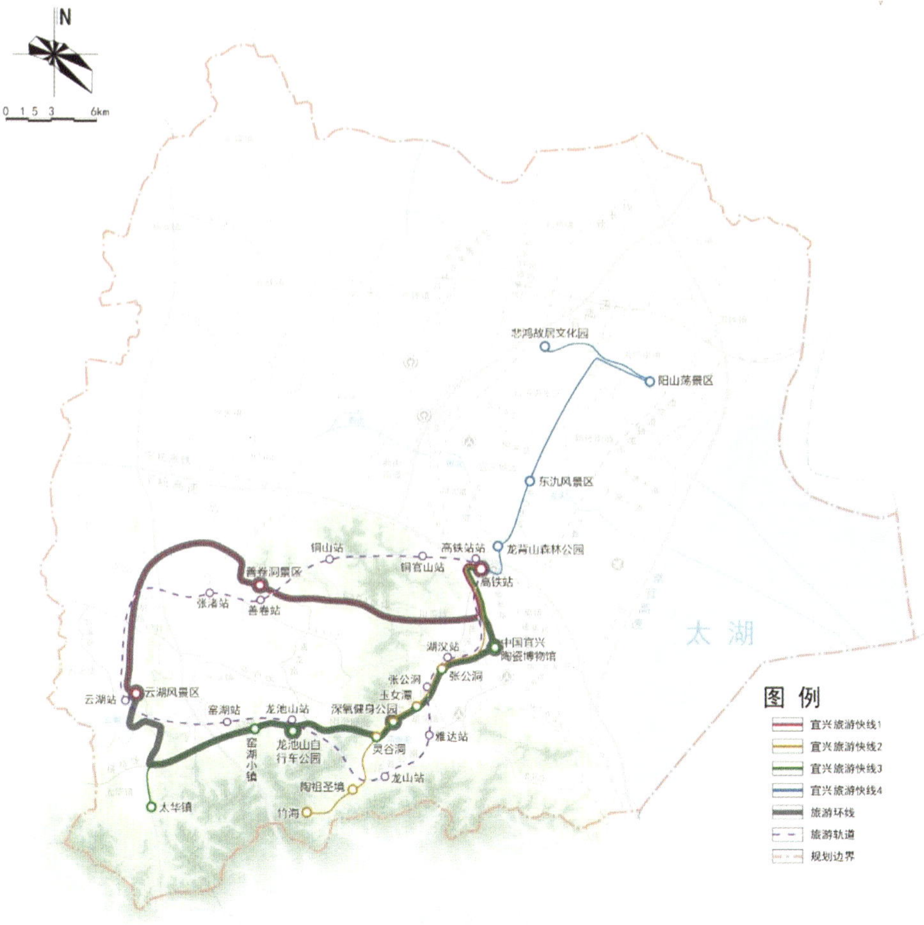

图1-85 旅游公共交通示意图

（四）智慧旅游示范工程

结合宜兴市全域旅游发展方向，将智慧化旅游服务的理念贯穿到全域旅游公共服务体系中，加速现代科学技术在旅游公共服务领域的应用，力争将宜兴市的智慧旅游项目打造为全国智慧旅游的样本区、示范区。目前，宜兴智慧旅游已有“一大中心、三大平台”的建设基础，对此，提出智慧旅游提升的重点抓手，主要包括完善宜兴市全域旅游咨询服务平台、构建全域旅游自助导览系统、建立智慧泊车系统、引导智能化服务设施等（图1-86）。

图1-86　智能导览示意图

（五）“宜心”旅游服务示范工程

旅游产品的核心是服务，服务软环境是全域旅游核心所在。旅游服务品质提升是宜兴市全域旅游创建的重要抓手，应强化旅游服务标准化建设，提升旅游品质，打造“宜心”服务品牌（表1-6）。

表1-6　“宜心”旅游服务示范工程内容一览表

制定“宜心”旅游服务地方标准	（1）编制《宜兴市旅游服务质量标准》，并积极引导宜兴区域内旅游企业进行标准化建设，对起草的标准先进行试行，根据实际反馈结果对标准进行优化后正式实施。 （2）对宜兴市的乡村旅游点，制定《宜兴市乡村旅游服务标准》，着重完善乡村旅游的餐饮接待、民宿接待、乡规民约、旅游购物等标准。 （3）加强对旅游标准化实施的检查、监督，对实施效果进行评价、反馈，定期复核，建立整改和退出机制，强化旅游标准的实施效果。
强化旅游行业培训	强化对旅游从业人员的培训，提高旅游从业人员的服务水平，为宜兴市全域旅游示范区创建、旅游服务品质提升奠定良好基础。

（续表）

开展文明旅游志愿服务活动	建立健全旅游行业志愿者服务体系，开展文明旅游志愿服务活动。各旅游企业设立“文明旅游劝导员”，组织文明旅游志愿者向游客们发放文明旅游倡议书，引导全行业、全社会共同关心、支持和参与全域旅游创建，倡导文明旅游新风尚。
培育“宜心”旅游服务示范单位	强化宜兴市“宜心”旅游服务品牌，在民宿、餐饮店、旅行社、购物商店等为游客提供服务的旅游业态中，评选优质服务单位，带动宜兴旅游服务品质的提升。如： （1）十佳民宿主人、最美民宿女主人； （2）十佳导游； （3）“宜邦菜”特色餐饮名店、十佳餐饮服务人员； （4）旅游购物诚信商店等。

（六）“文雅宜兴”旅游环境氛围营造工程

“文雅宜兴”是对宜兴文化精粹与城市气质的高度凝练。宜兴市还相对缺乏对旅游环境氛围的营造，对“文雅宜兴”的彰显与感知比较薄弱。在提升中，可从全域旅游的视角，先来推进公共节点（如交通门户环岛、收费站、公共休闲空间、街道家具系统等）“文雅宜兴”旅游环境氛围的营造（图1-87~图1-89）。

图1-87　陶瓷文化主题景观营造示意图

图1-88 书画主题结合园林文化景观营造示意图

图1-89 “陶文化大道”提升示意图

（七）旅游厕所革命工程

（1）按照国家《旅游厕所建设管理指南》的相关要求，推进旅游景区（点）现有厕所规范化、标准化的整改提升。国家4A级景区，至少应有1个3A级厕所，其他厕所均达到A级以上标准；4A级以下旅游景区，60%以上厕所达到A级厕所标准。

（2）对度假区内的公共厕所、度假酒店、主题民宿的厕所，50%以上达到2A级厕所标准。

（3）江苏省乡村旅游重点村至少应有1个3A级厕所，60%以上厕所达到A级标准。

（4）引导旅游风景道沿线公厕提升为旅游厕所；引导现有及未来建设的交通设施、医疗、文体、商贸综合体、公共休闲空间的厕所为旅游厕所等。

（5）主题引导：在保证旅游厕所数量、品质的基础上，引导厕所的主题化风格，如紫砂主题厕所、陶瓷主题厕所、竹主题厕所、书画主题厕所等。

第二章
旅游品质提升与运营管理实操案例

CHAPTER TWO

第一节

旅游景区创A与品质提升

—— 扬州运河三湾创建国家4A级旅游景区方案与跟踪指导系列服务

一、项目背景

借着大运河申遗成功的东风，扬州市紧密对接《大运河江苏段旅游发展规划(2017—2030)》的相关要求，明确了运河三湾创建国家4A级旅游景区的发展目标，并在各方共同努力下于2018年年底成功完成创建工作。提升前，三湾是一个建设品质较好的城市公园，通过4A创建工作的具体实施，有效推促了运河三湾景区品质化、规范化发展，以及整体吸引力、竞争力和影响力的提升，真正意义上盘活了当地旅游文化经济、塑造了扬州文化旅游新名片、辐射带动了周边区域经济发展，让景区成为扬州高品质城市公园向高等级旅游景区转型升级的典型。

二、创建面临的主要问题

（一）以城市公园建设与管理的理念亟须转变

城市公园与景区是两种完全不同的建设理念与标准，提升前，运河三湾一直按照城市公园的理念建设和管理，主导功能为城市休闲，主要服务客群是本地居民。虽生态景观优美，但在旅游配套、旅游项目和商业业态上几近空白，缺乏对中远程市场游客的吸引力。

（二）以“水工精神”为特色的运河文化缺乏表达

三湾运河文化内涵丰富，以“三湾抵一坝”的水工文化为特色，但一方面运河文化旅游产品在江苏乃至全国开发较多，另一方面，三湾特色的水工文化主要是水利工程文化，与旅游的契合度不是很高。三湾在原先公园建设的过程中，轻视了文化元素的融入，导致自身丰富的文化内涵缺乏表达。此外，运河旅游已经发展多年，并随着申遗成功效应开发力度会进一步加大，三湾如果按照常规思维去开发，很容易陷入同质化竞争。

（三）以运河为核心资源开发旅游产品受到限制

三湾景区最核心的资源是运河，由于它承担着船运的功能，无法开展水上项目并构建水上游线等特色运河体验产品，仅能从运河观光角度进行开发。如何在这样的条件下开发三湾特有的旅游产品，是创建过程中产品体系构建的难点。

三、对策措施与工作成效

（一）盘活存量，适度增量，明确提升创建新理念

从公园到景区转变，并不是完全否定之前的建设基础，三湾的提升改造宜以“盘活存量为主，适度增量为辅”，尊重景区现状格局和基础建设，避免大拆大建，紧扣“投资小，见效快”的理念，主要通过文化主题包装，旅游氛围营造，小体量项目导入等措施，逐步丰富景区的旅游产品体系。

（二）对标找差，完善举措，迈出景区创建第一步

对标找差是景区创建的第一步，也是解决原先公园建设理念下，旅游配套服务缺失的关键举措。项目精准对标《旅游景区质量等级划分与评定》（GB/T 17775—2003），同步参考国家和江苏省的最新要求，科学编制创建方案，系统指导三湾对标提升，重点完善了游客中心、咨询点、停车场、旅游厕所、标识系统、休息设施、内部交通等。

（三）厚重文化，轻松表达，展现景区文化新内涵

项目突破运河文化表达的常规思维，创意性的将抽象的水工文化进行了轻松形象的表达。在氛围营造、文化节点打造、建筑造型和立面改造、建筑内部装饰、产品业态引导、演艺活动导入等方面都紧紧扣住了水工文化。例如以三湾开挖时间1597为创意，打造“1597”三湾休闲会所；以古人修建三湾水利工程为元素，打造“能工巧匠”素质拓展营地；将“三湾精神”的文化内涵注入项目建设中，以三湾的历史文化为素材，编创小型精品演艺活动，在景区常态化演出，营造文化旅游氛围等。

（四）全程跟踪、一站服务，保障景区创建高质量

项目采用了“创建方案+跟踪指导”的服务模式，项目组安排一名景区创建专家（集团其他相关专家联动支持），提供了“一站式”全程跟踪指导服务，打破了仅做创建方案或仅做落地指导的旧模式。在运河三湾创建过程中，景区创建专家时刻与景区保持对接，把握项目进度，解决相关问题，全面确保景区的软硬件建设符合国家4A级旅游景区的标准要求。

（五）立足当下，放眼长远，把握高目标发展新方向

放眼长远，以创建国家5A级旅游景区的高目标来系统提升三湾景区。在公共服务设施、旅游产品等打造的过程中，一方面，立足当下，确保满足4A级旅游景区的创建要求；另一方面，同步考虑未来5A级旅游景区的创建目标，更加注重品质建设，确保未来不重复建设，不推倒重建。与此同时，站在统揽中国运河文化的高度，策划打造中国大运河博物馆，以此提升运河三湾景区的品牌影响，积极争创国家5A级旅游景区（图2-1~图2-3）。

图2-1　三湾美景

图2-2 微演艺活动现场

图2-3 大运河博物馆效果图

第二节

乡村旅游区品质提升

——盐城三官村乡村旅游综合提升策划

一、项目背景

党的十九大报告指出，“农业、农村、农民”问题是关系国计民生的根本性问题，必须始终把解决好“三农”问题作为全党工作的重中之重，实施乡村振兴战略。2020年中央一号文件《中共中央、国务院关于抓好“三农”领域重点工作确保如期实现全面小康的意见》，明确两大重点任务是集中力量完成打赢脱贫攻坚战和补上全面小康“三农”领域突出短板。可见“乡村”是“脱贫攻坚战”和“全面小康建设”的关键所在。而乡村旅游是乡村发展的有效途径。本案例是尔目2015年在当时的特定背景和形势下规划实操的一个案例，虽已历时数年，但与目前乡村振兴的思想和战略有诸多不谋而合之处。但愿能在乡村振兴背景下，为乡村旅游的发展提供一些借鉴。

该项目属于景区依托型乡村发展旅游。三官村位于江苏省盐城市盐都区西南，西临国家4A级景区、省级旅游度假区大纵湖旅游度假区。三官村所在的双兴大道两侧集聚了较多的乡村旅游点，是盐都乡村旅游集聚区域。三官村地处苏北里下河腹地，河沟纵横、水脉相连，地势较为平坦，生态环境较优。近年来，三官村以民俗（婚俗）体验为亮点，以民宿度假为盈利方向，依托大纵湖旅游度假区的辐射带动，已成功创成江苏省首批五星级乡村旅游区（图2-4）。

图2-4 三观村区位图

二、主要问题

（一）美丽乡村成效虽好，但旅游产品打造不精

三官村在新农村建设方面，成绩突出，助力大纵湖镇城乡统筹示范镇建设全面启动，被评为江苏省社会主义新农村建设先进村；同时，在旅游项目方面建成了动物园、仿古建筑及街区、乡村别墅、里下河特色民俗文化展示馆、灵犀阁等项目。但产品开发比较粗放，且缺乏特色、精品等旅游项目，旅游产品体系有待完善。

（二）旅游区位条件虽优，但联动发展整合不够

三官村位于盐都区旅游项目集聚板块，均为高起点规划、建设与打造，但项目区与周边的联动整合不够，没有树立主动融入、借力共享理念，与周边项目，尤其与大纵湖旅游度假区项目联动发展不足，没有形成资源互补、线路串联、市场共建、联合营销的区域旅游合作的发展格局。

（三）基础设施虽初建成，但旅游配套尚需完善

三官村在美丽乡村建设期间提升了道路，设置了路灯、标识系统、休憩设施、厕所、垃圾桶等，旅游配套设施逐步改善，但其旅游功能的融入和体现尚不足。为进一步推进乡村旅游的开发，需要推进乡村旅游公共服务体系的构建，从旅游的角度进一步完善信息咨询、慢行交通、智慧旅游、旅游厕所、休闲设施等，为乡村旅游的发展提供基础支撑。

（四）管理团队虽已搭建，但体制机制有待理顺

项目区由大纵湖镇旅游发展办公室负责开发管理，而主要项目经营则为北京人家餐厅管理有限公司管理团队，在景区管理体制机制上还有待进一步理顺。同时，从景区科学运营管理的匹配度来看，专业人才相对缺乏，从未来景区发展的目标和规模来看，亟须配备中、高层旅游专业人才，尤其是旅游景区运营的高级经营管理人才和专业服务性人员，人才培养及储备模式有待建立。

三、项目提升的几点思路

（一）“提神”——深挖文化、凝练主题

经深入研究盐城及周边核心客源市场需求导向及三官村现有乡村旅游产品结构的基础上，深度挖掘民俗文化要素，确定三官村民俗生活体验的定位导向，强调生活体验，融入民俗文化，错位于双新大道生态旅游产业带及盐城其他乡村旅游区（点）；并以全新视角解读“三官”，以参与化、体验化的载体，进行传播，全面提升旅游人气，亦以此增添盐都区乡村旅游新内涵。

（二）“聚气”——宣传造势、集聚人气

将三官村的旅游营销纳入盐都乃至盐城市乡村旅游整体营销方案，借助高层面的多样化营销平台，将三官村乡村旅游作为盐城市的特色乡村旅游产品推出；同时，主动对接大纵湖旅游度假区和盐都区其他旅游景点，借力整合；此外，强化节庆活动的策划，以宣传造势、集聚人气。

（三）“修心”——以人为本、用心服务

以人为本、人本服务是当今旅游业的主旋律。三官村高起点、高品质的开发，要求其更应着重强调服务品质，提供个性化、定制化、管家式的精品服务，并将品质化的服务与旅游产品融为一体，为游客提供精致服务、贴心服务。以服务铸就品质，提升核心吸引力，在区域旅游格局中脱颖而出。

（四）“康身”——融合发展、强化造血

围绕民俗生活体验做业态、围绕乡村休闲度假做经营，从游客需求与满意度着手，合理开发应有的乡村休闲产品，适度丰富休闲业态和特色旅游商品，引导农业产业景观化、体验化、休闲化，形成三官村健康的商业造血功能，支持创效与可持续发展。

（五）“共生”——联动共生、科学运营

在大纵湖镇旅游办的统一管理协调下，建立专业的旅游运营管理团队，充分联动大纵湖旅游度假区，在实施市场化经营的基础上，科学、精致、精细地推进旅游项目建设、旅游商品开发、旅游设施配套，走精致化、精品化的道路；深度加强与“北京农庄”管理团队的合作发展，并以全新的理念创新运营模式，以“互联网+”推进三官村乡村旅游的智慧化，以“旅游+”拓伸产业链条，并带动乡村生态产业的转型升级，以“众筹众创”、定制化消费等丰富乡村旅游经营模式。

此外，该项目还考虑了乡村度假休闲、乡野乐活体验等丰富的创新创意项目，以提升三官村乡村旅游吸引力，限于篇幅，不再展开。

第三节

工业旅游区品质提升
——南钢创建国家工业旅游示范基地行动方案

一、项目背景

当下，全域旅游进入深化发展的新阶段，“旅游+”和“+旅游”的融合发展，也向更深层次、更高质量迈进。而其中“产旅融合”即是全域旅游战略内涵的题中要义，也是全域旅游深化发展的关键抓手与核心支撑之一。可见，能否合理、有效、精准把握和推进“产业+旅游”融合发展，直接关系到全域旅游发展的成效乃至成败。本案例着眼于当下全域旅游深化发展的时代背景，立足传统钢铁产业转型升级和形象风貌重塑的历史契机，探寻了“钢铁产业+旅游”适度融合发展的模式与路径，以期为全省、全国钢铁工业旅游乃至其他类似工业旅游的发展提供一些思路和经验借鉴。

南京钢铁厂（以下简称“南钢”）坐落于国家级新区——江苏省南京市江北新区，始建于1958年，是国家战略布局的18家重点钢企之一，是中国特大型钢铁联合企业，拥有国内中厚板领域“规格最齐全、分工最合理、优势最突出”的板材生产线和特色明显、高效高质低成本的特钢生产线，产业地位和优势较明显，2010年9月，南钢实现了整体上市。

本项目以“国家工业旅游示范基地”的标准和要求，对南钢厂区的硬件和软件设施进行了合理提升，提出了近期创建“江苏省工业旅游示范区”和中远期创建“国家工业旅游示范基地”的分期目标，并紧扣目标，把握各阶段工作重点，实施厂区旅游化改造。项目提升前，厂区的旅游开发尚处于初级阶段，多以商务接待为主，仅有南钢博物馆一个相对成熟的旅游产品，每年接待量约1万人次。由此看来，产品体系尚未构建，且游览线路缺乏特色，缺乏专业的旅游管理团队，对工业生产、工艺流程、科技成果、工业遗产等内容展示不够充分。为此，南钢按照项目组提供的行动方案积极进行整改，取得了显著成效，并开展了“江苏省工业旅游示范区”的申报工作（图2-5）。

图2-5 创建范围

二、主要问题

（一）厂区基本格局已形成，旅游功能如何导入

南钢是一个老牌工业企业，工厂的建设布局已经形成，工业旅游的开展，不可能过多破坏原有格局。这样，比新建的厂区在建设过程中，同步考虑旅游功能配套设施的导入要复杂得多。如何在现有存量格局下，合理导入旅游项目、旅游业态、旅游配套，是整个提升工作中的主要难点之一。

（二）如何确保旅游活动不影响企业日常的生产活动

南钢发展工业旅游，只能是锦上添花，不能全面开花。工业旅游虽然可以给南钢带来较大的社会影响，但其毕竟是一个以生产钢铁为主的工业企业，在为游客提供旅游体验的同时，并不能影响工业生产。如何平衡好工业生产与旅游体验，控制好生产流和旅游流互不影响，需要在提升过程中重点把握。

（三）如何破解厚重的钢铁工艺文化与轻松的愉悦旅游体验之间的矛盾

南钢有着厚重的钢铁文化和优秀的企业文化，且已建成南钢博物馆进行展示。钢铁文化和南钢企业文化虽然对游客具有一定的教化作用，但旅游体验需要寓教于乐，如何将南钢厚重的钢铁文化和企业文化进行软性表达，并将其融入游览内容、旅游配套等项目的每一个细节中去，锻造出南钢工业旅游的主题灵魂，则是需要研究的一个创新课题。

三、打造提升的思考路径

（一）南钢发展工业旅游的意义何在

从南钢自身产业发展的角度来看，是当前高质量、内涵式发展的必然要求。发展工业旅游，实际是依托主导产业发展旅游、依托旅游提升品牌、依托品牌进一步强壮产业，全面发挥联动、整合效应。但对南钢而言，其“尺度”

把握上需要关注“适度发展”的理性思维，相关项目导入需要因地制宜、结合实际。具体来说，南钢是依托自身强大的钢铁产业和深厚的钢铁文化、企业文化开展工业旅游。在旅游开展过程中，无论是游客还是销售商，都会加深对南钢的了解，增强对企业的认同，实际也是一种对企业体验化宣传营销的手段。通过发展工业旅游，可以让更多的客人认识南钢、了解南钢、宣传南钢，从而形成良好的口碑效应，提升南钢的品牌价值和软实力。在南钢品牌知名度进一步提升后，为钢铁产业的进一步壮大提供了有力支撑，从而形成良性循环。

从浦口区全域旅游发展的角度来讲，南钢发展工业旅游，一方面，符合全域旅游要求将创新贯穿创建工作始终的理念，满足《国家全域旅游示范区验收标准（试行）》中关于创新融合发展的评分要求；另一方面，南钢开展工业旅游，与太古可口可乐工业旅游能共同创建浦口区在南京市全域旅游大格局中的特色，并共同支撑浦口作为国家新区的发展，同时也共享国家新区发展所带来的战略契机。

（二）以何种理念来科学发展“南钢”的工业旅游

项目组提出了四大提升理念来科学发展南钢工业旅游：

（1）**文化南钢**：在建筑景观、道路景观等景观提升过程中，充分利用钢铁材质、色系、工艺等元素进行景观提升美化，以此充分体现南钢企业及钢铁文化特色。

（2）**绿色南钢**：在提升过程中注重绿化美化，注重四季树种、花卉的种植，从而达到“园林”厂区的目标，将南钢发展为绿色生态标杆工业旅游区。绿色南钢还有一层含义为绿色生产南钢，在生产过程中，南钢应注重环保技术的运用，加大环保生产力度。

（3）**智慧南钢**：旅游配套设施智慧化、旅游管理服务智慧化。在南钢创建过程中，应注重智慧化发展，将智慧南钢理念贯穿到各个基础配套及服务中。

（4）**服务南钢**：强化旅游服务与讲解，尤其把握旅游安全管理与服务的具体要求，这是工业旅游的重中之重。在创建过程中，应切实注重管理、服务与安全的要求，做到标准化、规范化和人性化相结合。

四、打造提升的对策举措

（一）对标找差，紧扣标准要求提升

严格对照《国家工业旅游示范基地规范与评价》(LB/T　067—2017)行业标准，从基本条件、基础设施及服务、配套设施及服务、旅游安全、旅游信息化、综合管理、附加项目七个方面，对南钢软硬件进行提升，确保达到国家工业旅游示范基地的创建要求。

（二）存量利用，围绕钢铁文化铸魂

深入挖掘南钢的钢铁文化、企业文化，紧扣“厚重文化，轻松表达”的理念，对南钢的钢铁文化进行充分呈现，将钢铁文化的元素注入对厂区提升的每一个细节之中，从而锻造厂区钢铁文化的主题灵魂与特色（图2-6~图2-13）。

图2-6　宽厚板厂出口提升意向

图2-7 栏杆提升示例

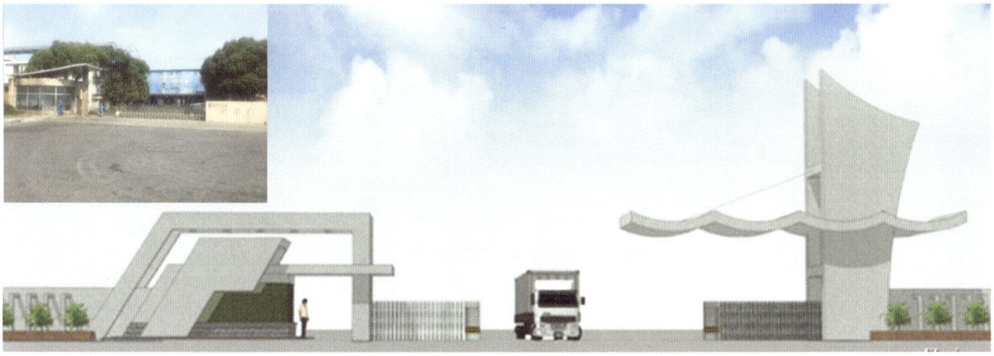

图2-8 1号门入口棒材厂提升意向一

图2-9 1号门入口棒材厂提升意向二

图2-10 烟囱美化提升示意

图2-11 钢铁大道提升示意

图2-12 钢铁文化景观小品

图2-13 钢铁文化主题厕所示例

（三）主次分明，沿着游览线路改造

为避免旅游活动对工业生产的影响，本项目没有在厂区全面铺开发展旅游，而是通过提炼出的两条游览线路，重点打造围绕游线所及的空间来打造产品、提升景观和设置公共服务设施。对于游线以外的空间，不做过多改造，以适度环境景观提升为主。

1. 精品游览线路

游客中心—南钢博物馆—南钢体育馆—同心园—炼铁展示点（第二炼铁厂）—炼钢展示点（第二炼钢厂）—轧钢展示点（中棒厂—宽厚板厂—中厚板卷厂）—体育馆停车场（图2-14）。

图2-14 精品游览线路

2. 工业旅游区游览线路

文化休闲综合服务区：游客中心—南钢博物馆—南钢体育馆—霸王文化休闲公园。

钢铁工艺流程游览区：同心园—1号原料大棚—第二烧结厂—第二炼铁厂—第二炼钢厂—中棒厂—宽厚板厂—中厚板卷厂—第一炼钢厂—高线厂—第三炼钢厂—时光轨道—智慧炼铁控制中心。

滨江生态休闲区：钢铁文创商店—采矿小屋—钢铁宝藏—工匠之家—生态科普长廊—钢铁主题餐厅（图2-15）。

图2-15 南钢工业旅游区游览线路图

（四）丰富产品，注重休闲体验元素

对基地的游览区域按功能进行合理分区，可分为三大游览区：南钢企业文化展示区、钢铁工艺流程游览区、滨江生态休闲区。考虑到旅游安全管理，对滨江生态休闲区进行封闭管理，并以团队形式出入该区域（图2-16）。

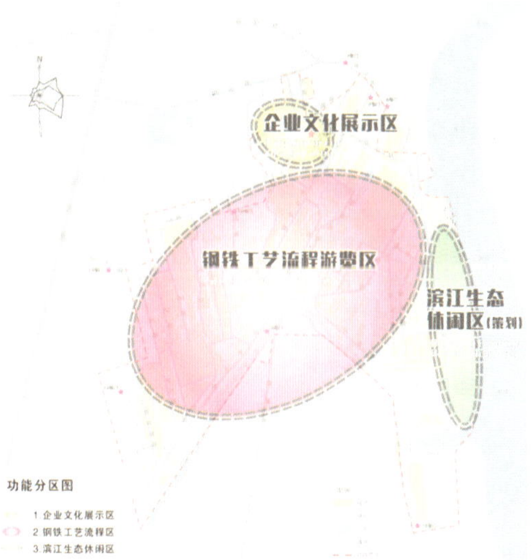

图2-16 功能分区

1. 企业文化展示区

本区以南钢企业文化为内涵，以现有建筑为基础，用文化创造价值，用建筑形式提升品位，通过企业文化的挖掘及特色化、系统化的演绎，将该区域打造为文化内涵凸显的参观体验地。

（1）南钢小剧场

将南钢影剧院设置成常态化微演艺小剧场，根据市场接待情况，合理开展“投入小、特色强”的微型旅游演艺活动。“微演艺”主题结合南钢主题文化编排（图2-17）。

图2-17 南钢影剧院示意

（2）南钢体育馆

将南钢体育馆作为企业文化参观展示点，设置南钢体育文化展厅，将南钢连续十五年承办CBA篮球联赛的赛事情况用图片、视频、VR、AR等多种形式进行展示（图2-18）。

图2-18　南钢体育馆示意

2. 钢铁工艺流程游览区

本区以钢铁工艺流程为游览线路，以工艺流程的讲解、展示为重点，重在让游客深入了解南钢钢铁工艺流程以及南钢工艺技术的先进水平。在参观过程中，注重讲解及安全提醒。鉴于本区为封闭管理，需引导游客遵守团队参观规则，不得擅自行动。

（1）1号原料大棚

在大棚入口附近增设用钢铁材料制成的“球团”形状景观小品，入口处设置安全教育、原料工序、原料装备机械情况、产量等展示牌和展示视频；内部增设参观廊道，廊道各工序节点设置讲解展示牌；廊道台阶、危险地段设置安全提示牌。同时，将原料大棚外部的游览道路同步进行美化，丰富参观廊道的美观性（图2-19和图2-20）。

图2-19　原料大棚入口附近建筑

图2-20　球团景观小品示意

（2）第二烧结厂（提升）

在主控楼入口处增设烧结工序流程图、产能数据，以及“南钢”烧结工艺先进性等数据及展示，让游客在入口处即对南钢烧结工艺和先进技术有一个总体性的把握（图2-21）。

图2-21 绿化和围墙提升示意

（3）第二炼铁厂

在第二炼铁厂入口展厅内增设两座高炉生产能力先进技术指标以及废钢再利用、氮气消耗量减少等环保技术运用的充分展示。操控室水泥外立面与周边环境不相协调，需进行外立面改造，使之与钢铁文化氛围融合（图2-22）。

图2-22 外立面美化示意

（4）第二炼钢厂

在入口展厅内增设南钢转炉、精炼炉、真空炉、连铸机等主要炼钢装备的展示，以及炼钢生产工艺流程的展示。在入口外部道路两侧增设与第二炼钢厂工艺、产品及文化元素相关的景观小品（图2-23）。

图2-23　入口外与高炉等相关景观小品示意

（5）中棒厂

在中棒厂入口处用图解、视频等方式对精轧机组、加热炉等世界先进工艺技术和关键设备进行充分展示，同时对中小棒材生产工艺流程进行展示。

（6）宽厚板厂

在宽厚板厂入口处增设南钢宽厚板材12项国内领先、世界先进技术的展示，并将宽厚板材运用于蓝鲸一号、华龙一号、藏木桥等重大国家项目的先进成果进行展示。同时，将加热、轧制、冷却、剪切、探伤、热处理等工艺流程图、全自动生产等先进工艺用图片或视频进行展示，让游客深刻了解南钢宽厚板厂世界领先的技术水平。在景观提升上，宽厚板厂出口处较为开阔，应进行出口处附近建筑外立面、景观改造，并增加景观小品，适当的增设休息设施，景观小品和休息设施与宽厚板厂文化、技术、产品等相结合。

（7）时光隧道

利用现有空地，设置南钢铁路运输展陈馆，展现南钢铁路运输中心文化内涵，用火车实物、视频、图片、VR、AR等多种形式，展现从20世纪60年代至今的时间轴上，南钢铁路运输交通的发展史，并将不同系列机车和现有货运火车展示其中，配备详细介绍（图2-24和图2-25）。

图2-24 项目入口处意向

图2 25 内部火车展陈

3. 滨江生态休闲区

该区是中远期重点打造的区域，区内生态环境良好，对接基地钢铁主题，满足基地旅游配套服务需求，未来将发展为钢铁主题生态休闲公园，打造钢铁主题互动体验、钢铁主题景观、环保科普、主题餐饮、主题购物等形态于一体的主题休闲公园。

（1）钢铁主题餐厅

在滨江湿地公园中部建设一处钢铁主题餐厅，外观运用钢铁元素设计而成，内部桌椅、餐具、装饰物等均可用钢铁制成。建议所有钢铁均为废钢利用，打造独特钢铁主题餐厅的同时，又宣传环保理念（图2-26）。

图2-26 钢铁主题餐厅示意图

（2）钢铁文创商店（新建）

文创商店主要售卖钢铁创意工艺品，如钢铁制成的船、坦克、摩托车、花卉、文具用品、餐具等，外观均采用钢铁、玻璃架构（图2-27）。

图2-27　钢铁文创商店示意

（3）采矿小屋

打造一处采矿体验场所，小屋内有小矿山，可直接触达，并提供小型挖掘机等采挖工具（图2-28）。

图2-28　采矿小屋示意

（4）钢铁宝藏

开展为以钢铁为主题的寻宝活动，可以使用拼接拆解的钢铁工艺品，并结合二维码拼图的形式展开（图2-29）。

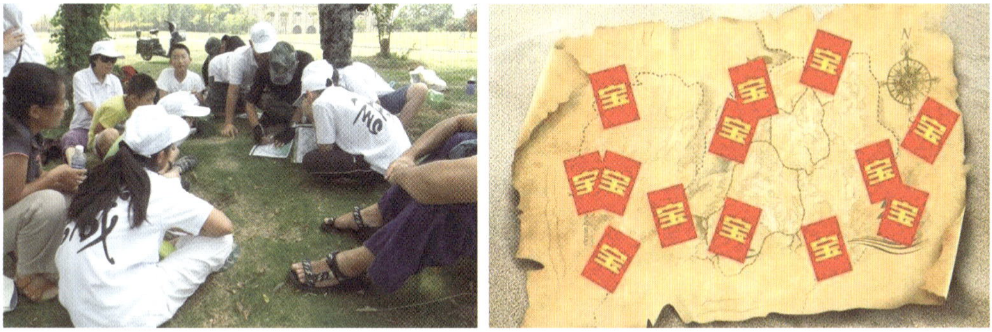

图2-29 钢铁宝藏示意

（5）工匠之家

这是一处钢铁小物件制作体验场所，让游客体验钢铁创意小物件制作的乐趣。同时，让游客在此了解钢铁与生活密不可分，更深刻地体会到钢铁的价值（图2-30）。

图2-30 工匠之家及饰品示意

（6）生态科普长廊

依托良好的滨江区域生态环境，设置一条生态科普长廊，以体现钢铁元素的设计展板，进行湿地鸟类、各类相关植物等科普教育展示（图2-31）。

图2-31 生态科普长廊示例

第四节

暗访检查与满意度调研

——江苏省国家A级旅游景区暗访检查

包含省、市各级文旅行政主管部门委托的景区暗访工作，通过“政府+企业+高校”三方合作的形式，参与江苏省A级景区行业管理。

一、项目背景

本项目是受省、市文旅行政主管部门的委托，对江苏省内A级景区进行抽查暗访，并以《暗访报告》作为省、市文旅行政主管部门约谈未达标和勉强达标景区的主要依据。项目旨在通过协助文旅行政主管部门建立常态化的暗访机制，倒逼景区严格对照标准来提升和完善建设和管理水平，增强江苏省A级景区的竞争力，助力“水韵江苏”品牌建设。

景区暗访的主要依据是《国家A级旅游景区现场检查（暗访）工作规范》和《旅游景区质量等级的划分与评定》（GB/T 17775—2003）。

二、项目意义

（一）协助文旅行政主管部门建立暗访队伍形成常态化的工作机制创新景区行业监管模式

由文旅行政主管部门牵头、尔目文旅集团协助，组建集团相关专业人才、省内高校专家和文旅行政主管部门工作人员组成的暗访工作小组，并定期开展暗访检查员培训交流学习，创新形成了“政府+企业+高校”参与景区行业管理的模式。暗访工作小组的成立，有效提升了景区行业监管的效率，解决了政府人手不足的问题。同时，暗访小组由不同专业的人员构成，提升了景区行业监管的水平。通过该项目开展，省文旅厅建立了常态化的暗访工作机制，提升了对景区的管理能力，实现了对A级景区高品质把控和创新发展引导。

（二）以暗访促提升，以提升做示范 全面提升江苏省A级景区的建设和管理水平

暗访工作并没有流于形式，《暗访报告》形成后，江苏省文旅厅第一时间将《暗访报告》下发到各景区，并要求各景区根据《暗访报告》中所暴露的问题进行限期整改。对个别问题严重的景区，会酌情予以约谈、警告、降级、摘牌等形式的处理。在这种工作力度下，受检景区清醒认识到当前存在的问题，并会根据《暗访报告》中指出的问题和提升建议，对景区的软硬件进行限期整改提升，示范带动省内其他未被检查景区常态化开展自查、整改、提升工作，全面提升江苏省A级景区的建设管理水平。

三、主要举措

（一）组建专业队伍，开展暗访培训

协助主管部门组建由旅游规划策划、景区运营管理、旅游市场营销、景观设计等行业专家，邀请了南京部分高校旅游管理专业教授等共同构成的专业暗访队伍，对全体暗访小组成员进行暗访检查要点培训，并强调保密规则要求。

（二）组织暗访检查，撰写《暗访报告》

明确暗访人员分组、路线与日程安排。暗访前初步确定暗访路线，暗访中保持沟通。根据实际情况，针对性发现景区存在问题，暗访后召开小组讨论，并最终形成《暗访报告》。

（三）针对存在问题，协助整改提升

暗访组针对暗访发现的存在问题，全程协助文旅行政主管部门，督促各景区根据《暗访报告》进行整改，包括约谈前与文旅行政主管部门沟通、确定约谈景区和主要存在问题，参加部分约谈会，到现场为景区提供指导等。在景区提升整改的过程中，根据景区需求，提供咨询指导服务（图2-32~图2-34）。

图2-32　2018年南京市景区《暗访报告》第一批

图2-33　2018年南京市景区《暗访报告》第二批

图2-34 淮安市及各区景区《暗访报告》

第五节

旅游景区运营管理——窑湾古镇景区半委托管理服务

一、项目概况

旅游业健康可持续发展的关键不仅在于“硬件”，更在于“软件”。一个景区的“软件系统”，也就是景区的运营管理体系与能力建设，直接决定了其旅游发展的活力与生命力。

本案例深入总结了2012年至2015年尔目文旅集团所服务的大运河畔——徐州窑湾古镇的一线运营管理经验。在历经4年的运营管理服务中，通过与窑湾古镇领导班子及全体工作人员的共同努力，**让窑湾古镇从一个缺产品、缺配套、缺服务、缺体验的名不见经传的新修复古镇景区，发展成一个年游客接待量超百万人次的高品质旅游景区，使其逐步走上了高质量、内涵式发展的轨道。**

窑湾古镇位于江苏省徐州地区新沂市，西依大运河，东临骆马湖，已有1300多年的历史，是苏北地区唯一保存比较完好的古镇，被誉为“中国大运河第一古镇”，也是省级历史文化名镇。古镇按照“修旧如旧”原则进行保护性开发和恢复性修建，还原历史风貌，丰富文化旅游景点，营造文化旅游氛围。

该项目属于“委托运营管理类”项目，尔目集团委派专业运营管理专家团队到窑湾景区驻场工作，并指定专人担任景区副总经理，直接对“一把手”负责，与景区原有管理团队共同参与景区建设和运营管理。项目组在介入窑湾古镇的运营过程中，为景区带来了先进的管理理念，优化重组了景区组织架构，完善了运营管理制度与流程，导入了创新的体验性旅游产品，培养了一批优秀的景区运营管理人才。项目组运营管理专家从景区完满归来后，窑湾古镇已逐步保持相对稳定的运营管理，践行了最初介入该项目时“扶上马、送一程”的服务理念。项目组在委托运营管理的四年多时间内，成功带动了景区游客量的迅速增长和旅游收入的大幅提升，并顺利创成了国家4A级旅游景区。

二、托管前景区存在的主要问题

（一）商业布局凌乱，业态经营不正常

未托管前，整个窑湾古镇景区临街800多间门面房仅几家小吃店和杂货店偶尔开门，整体业态缺乏在地文化的表达，商户经营者缺乏专业的旅游业态经营理念。由于景区的旅游人气较弱，商户的经营效益难以得到保障，导致大多数商户门面只有应付检查时才营业。与此同时，由于缺乏有效引导，古镇业态的特色文化、配比和布局也严重缺失。

（二）特色文化缺失，主题灵魂不凸显

在建设和运营初期，窑湾古镇景区一直以明清文化主题来打造古镇特色，但并未聚焦文化特色。窑湾特有的运河文化和商贾文化没能充分得到活化呈现，优质的历史文化资源也未转化为旅游吸引力，文化特色凝练和主题彰显均缺失，且已建项目、商业业态、景观小品和服务设施等，均缺乏在地文化表达，整体旅游产品的品质和丰富度亟须提升。

（三）旅游配套不全，公共服务不完善

未托管前的窑湾古镇景区虽然已配套了停车场和游客中心等，但整体的公共服务配套缺乏景区特色，在功能方面也有所缺失。尤其在特色餐饮和住宿等方面近乎空白，从而使得窑湾古镇景区只能作为一个游客观光为主的景区，缺乏能让游人印象深刻的包括美食在内的系列体验产品，更无过夜游客的接待，难以实现“夜间经济”，难以延长游客逗留时间。

（四）体制机制不顺，运营管理不高效

未托管前，窑湾古镇已经成立了骆马湖管理有限公司，该公司主要领导由当地政府委派。由于管理团队对于运营的专业性与创新性不够，加之行政管理职能和市场化运作职能并未完全剥离，公司难以按照现代企业制度进行真正意义上的专业化运作，“行政化管理思维”比较明显，从而没有实现真正的市场化运作，导致该景区在运营管理过程中缺乏活力。

三、实施托管后采取的举措

（一）全面优化导入商业业态

1. 回租店铺自主经营，示范引导商户转型

由于原有的商铺都是以5年、10年甚至20年的期限出租、出售给商户，在托管前景区人气较弱的时候，商户不愿意常态化经营。在实施托管前期，项目组协助政府对部分已出租的商铺进行回租，确保政府手中掌握充足的商铺资源。通过政府带动自主经营，获得游客的认可后，再逐步示范带动其他商户自主优化调整经营业态。

2. 编制业态布局方案，实施业态精准导入

针对存在的问题，项目组专门编制了《窑湾古镇商业业态布局专题策划方案》，并严格按照方案，结合窑湾古镇的历史文化特征，制定一系列灵活的招商政策，开展精准招商、定向招商。一年内完成了原有低端业态的调整、淘汰，并填充了所有闲置店面的业态。

3. 建立常态学习机制，提升商户专业素养

项目组负责人代表景区，每年组织各类商户赴省内外考察学习，有效提升了商户的专业素养，强化了商户的服务意识。通过不断升级和指导，促使商户升级了原有的商业业态。此外，还邀请了专业的商业公司对商户进行日常的专业指导，商户也会主动与商业公司进行交流，对店面装修、业态选择等进行专业咨询。

4. 成立行业自治协会，规范商户经营管理

在新沂市骆马湖旅游发展有限公司的牵头和倡导下，组织成立了由景区所有商户参与的民间组织，并通过优质商户的评选公示、优质商户奖励政策资金扶持等手段，不断提升商户经营的规范性和特色性。

（二）重视在地文化挖掘

针对景区文化主题不鲜明的问题，尔目文旅集团倡导成立了文化文物部，专门从事研究窑湾古镇文化研究、挖掘、提炼和运用。通过景区业态的文化表

达、旅游商品的文化注入、文化演艺活动的常态开展，以及夜猫子集、窑湾船菜的打造，逐步塑造了窑湾“千年运河第一古镇”的品牌形象。

（三）开发特色文创商品

项目组牵头组建了古镇商品销售公司，抢先注册了一系列窑湾古镇的商标品牌，开发了系列旅游商品和文创产品，开设了多家自营店铺。在丰富旅游产品的同时，提升了景区自身的造血功能。

（四）把关景区项目开发

项目组依托自身的旅游专业知识与经验判断，共同参与了景区旅游项目开发的策划、规划与设计工作，尤其对重点旅游项目、旅游产品、旅游活动等，共同参与景区的决策咨询与决策把控，最大限度地减少了景区项目开发建设的投资失误。

（五）适时优化管理体制

实施托管后，根据景区需求适时调整了景区的组织架构和人员配比。在建设阶段，组织架构中重点板块为规划建设部门；在景区建设逐步完成，业态调整初见成效后，适时向商业运营、市场营销部门加大了人员配置，确保景区的组织架构适应景区的不同发展阶段。同时，在人才选用上，通过“社招”延揽了一批优秀中层干部和基层人员，并制定绩效考核办法，鼓励工作的积极性。另外，对景区的现有相关管理制度与流程也进行了全面完善。在此过程中，政府逐步退出公司的经营，回归到协调和整体环境整治的职能上。

（六）协助景区培养人才

在帮助窑湾古镇景区科学运营管理过程中，项目组还协助景区培养了一大批自己的景区运营管理人才，不断对运营管理部门加强专业知识培训和交流，使景区运营管理团队持续健康成长，管理人才不断涌现，景区服务质量持续得到改进和提升，最终使窑湾古镇景区通过了国家级旅游景区服务质量标准化项目验收（图2-35）。

图2-35 窑湾古镇

第六节

全域旅游指导服务

——南京市创建国家全域旅游示范区指导服务项目

包含南京市全域旅游创建驻场指导服务，以及为建邺区、玄武区等南京市下辖区全域旅游创建进行指导服务。

一、项目概况

在首批国家全域旅游示范区成功创建之前，国家全域旅游示范区创建并无先例可循，也没有可以参照的模板。南京市级层面推进创建工作的难度重重，整个行业对全域旅游的创建工作均处于摸索阶段。在这样的背景下，2017年9月，尔目文旅集团承接了南京市创建国家全域旅游示范区指导服务项目，以南京市全市创成国家全域旅游示范区为核心目标，紧密对接国家全域旅游示范区创建的系列标准文件和要求，提供全程“一站式”创建的智力服务支撑。

二、服务重点

针对南京市全市在创建中存在的问题，尔目文旅集团专门选派一名专业人员到市文旅局驻场协助推进创建工作，并根据市文旅局的需要，协调安排各行业专家上门指导服务。重点服务工作如下：

（1）派专业人员全程驻场办公，协助指导创建工作推进，有效串联市、区工作并协调市级各部门间工作，每月编制创建《工作简报》；

（2）尔目文旅集团多次组织专家团队协助市文旅局对下辖区进行调研评估并形成《调研报告》；

（3）对南京市全域旅游重大项目建设和全域旅游公共服务体系的构建进行把关指导；

（4）开展全域旅游专题培训十余次，现场跟踪指导数十次；

（5）成立台账编制小组，有序推进创建台账资料汇编工作。

三、主要问题

（一）各区对全域旅游的理解尚不透彻 市级积极推动，区县行动相对迟缓

由于全域旅游是一种全新的发展理念与模式，各区对全域旅游的理解尚不透彻，认识不够到位，导致在创建工作上行动相对迟缓，主要创建工作的推进，还是由南京市全域旅游创建办主导推进，但由于国家全域旅游示范区验收的基本单位是县区，全市能否创成，取决于各区县是否达到了国家全域旅游示范区的创建要求。因此，在当时情况下，南京全市全域旅游创建工作亟须突破。

（二）党政统筹的领导机制尚需完善 各市级部门对自身在全域旅游发展中的定位不够清晰

虽已成立了南京市国家全域旅游示范区创建工作领导小组，并下设创建办公室，办公室设在市文旅局（后成立了“全域旅游促进处”），但由于党政统筹的领导机制尚处于建立阶段，各市级部门对全域旅游创建工作认识不够，加之文旅部门在全市统筹协调难度较大，导致各市级部门与文旅行政主管部门间的配合效率不高。

（三）国家创建标准迟迟未定，创建依据不明晰 创建工作始终在摸索中推进

2018年，国家虽已颁布《国务院办公厅关于促进全域旅游发展的指导意见》（国办发〔2018〕15号）和《全域旅游示范区创建工作导则》等全域旅游发展的指导性文件，但国家全域旅游示范区创建验收标准尚处于编制当中，创建工作缺乏标准依据，创建形式也不够明细。南京市乃至整个江苏省国家全域旅游示范区创建工作均处于摸索阶段，江苏省为了确保创建工作的顺利推进，制定了《江苏省国家全域旅游示范区创建工作评价指数》，作为国家标准未出台前的指导依据。

四、服务举措

（一）成立专项小组，提供技术保障

尔目集团层面成立了由行业专家组成的全域旅游创建中心，下设研究小组和实施小组，充分发挥在省内、国内旅游业界的综合智力优势，为全域旅游创建单位提供更为专业、优质的技术保障。

（二）主动对接部门，提出对策建议

协助市文旅局明确创建方向，厘清创建思路，与各部门主动对接，总结创建亮点和重点，把脉创建弱点和难点，并提出对策建议。

（三）邀请业界专家，强化创建认知

邀请省内、国内业界专家开展区级、市级层面的全域旅游专题培训，加深全市各级对全域旅游工作的认知。

（四）对标查漏补缺，跟进现场服务

组织专家团队现场调研，督促检查，形成评估报告，梳理出重点难点，指导工作开展；对照标准查漏补缺，带动、推进相关工作；根据各区实际情况，因地制宜，分批次进行指导服务，力求在全域旅游工作的推动下，各区县旅游环境能有大幅度的提升。

五、工作成效

（一）助力江宁区创成首批国家全域旅游示范区

自江宁区开展国家全域旅游示范区创建工作以来，尔目文旅集团多次组织专家进行现场调研指导，协助江宁区完成21家创建单位的验收打分工作，并形成《验收报告》。明确了一批示范街道、示范社区、示范园区、示范企业以及

示范院校，为江宁区的创建工作夯实了基础。后期，组建专业团队配合编制阶段性全域旅游创建工作台账，并在全省评审验收中高分通过。2019年9月，江宁区成为首批国家全域旅游示范区。

（二）与市创建办共同促成南京全市的创建工作从摸索向常态化有序推进转变

随着南京市成为第二批国家全域旅游示范区创建单位，各区的创建工作也全面启动。尔目文旅集团选派专业人员在南京市文化和旅游局、玄武区文化和旅游局、建邺区文化和旅游局等驻场办公指导。作为玄武区、建邺区、浦口区、溧水区、高淳区的指导单位，尔目文旅集团协助各区剖析疑点、难点，提出解决措施和对策，在迎接省级全域旅游示范区验收前，指导或直接参与各区的台账编制，指导申报材料撰写及创建视频的制作等，并得到了一致好评（图2-36~图2-38）。

图2-36 现场调研照片一

图2-37 现场调研照片二

图2-38 建邺区全域旅游创建指导服务

第三章 旅游空间文化创意设计实操案例

CHAPTER THREE

第一节

主题文化景点详细设计提升
——徐州贾汪·宝丰特钢厂区风貌改造设计方案

一、项目背景

江苏徐州宝丰特钢有限公司系一家大型民营钢铁企业，钢铁企业是耗能大户。过去，宝丰特钢生产过程中产生的各类余压、余热和高炉煤气等，都白白浪费，还造成环境压力。为了响应徐州市贾旺区潘安湖片区的生态修复，厂区环境需整体提升，营造良好的氛围，同时争创国家工业旅游示范基地。

二、存在问题

钢铁厂内建筑以钢结构厂房为主，色调比较单一，整体感觉刚硬，布局按生产流程依次排开，建筑密度过大，缺少主题文化元素。厂区现状道路依据厂房使用功能分布，道路在厂区内呈现正交分布，满足工厂生产需要，没有一条游客能参与的旅游通道。厂区植被主要沿厂区现有道路两侧分布，具有很强的引导性，植被比较稀少，生态性和观赏性较弱，不能营造工业旅游所需要的环境氛围（图3-1）。

图3-1　宝丰特钢现状照片

三、提升思路

宝丰特钢紧邻潘安湖，厂区的升级不仅需要淘汰污染大设备，更换先进的主流设备，进行钢厂的产业升级，同时也要积极提升厂区绿化，营造良好的生产环境。

为了争创国家工业旅游示范基地，厂区内需设立一条单独的安全且合理的参观线路，厂区内部有货运铁轨、塔吊、工业管道、烟囱及冷凝塔等工业设施，需结合工业旅游，塑造宝丰特有的主题文化。希望设计改造后的宝丰特钢能成为徐州首家既体现生态环保，又能够生产出高强度钢的企业，成为工业旅游的示范典型（图3-2）。

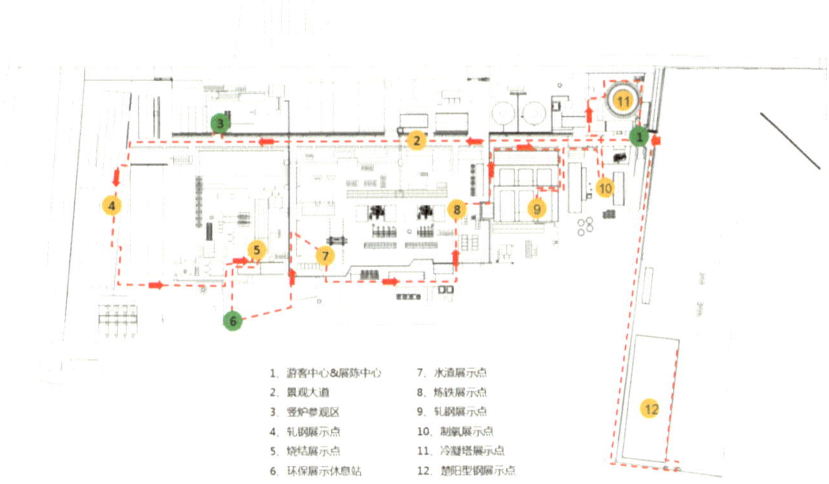

图3-2 宝丰特钢游览线路图

四、提升方案

（一）入口风貌

建筑是工厂精气神的表达。冷凝塔因其大体量及外形特点可以作为宝丰钢铁厂对外的一张重要名片，故以绿色环境为主题进行建筑喷绘，传导了钢铁厂以绿色发展的核心理念（图3-3和图3-4）。

图3-3 入口风貌效果图(整体环境的创意激活)

图3-4 钢铁巨龙效果图

(二)楼前景观

对于工厂内高层建筑，如高塔、冷凝塔、排烟塔等，采用低成本易施工的彩绘喷涂。为突出设计核心和统一色调，工厂建筑外皮都采用绿色喷涂，从而与环境更好地相互融合。作为绿色工厂，它与游客之间通过这个沟通媒介，可以将民众的视线吸引到环境、绿色生态、能源再生等关系到民生的重要环保问题之中来（图3-5和图3-6）。

图3-5 楼前景观效果图

图3-6 火车检查站效果图

（三）游客中心及标识标牌（图3-7~图3-9）

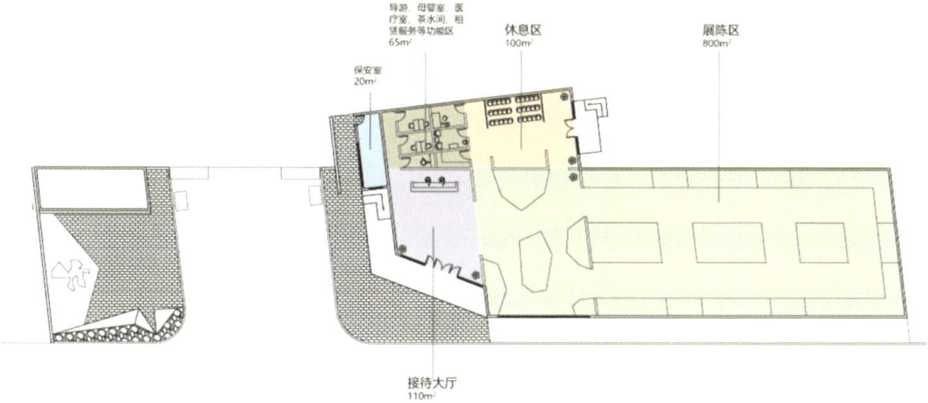

图3-7 游客中心平面布置图

图3-8 游客中心立面展示图

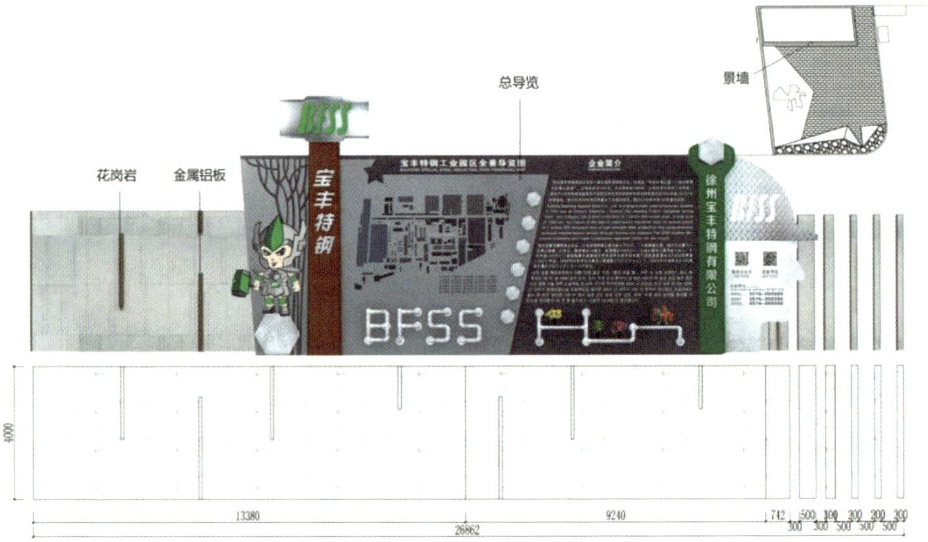

图3-9　标识标牌展示图

（四）景观廊道

在工厂主道路两旁围墙设计上，墙板采用具有工业气息的仿水泥板围墙，金属条作为装饰，从整体调性而言，两种材质是符合工厂空间气质的。人行通道采用水泥板铺设，两边加以鹅卵石装饰，营造一种工业风与自然气息相结合的和谐氛围（图3-10）。

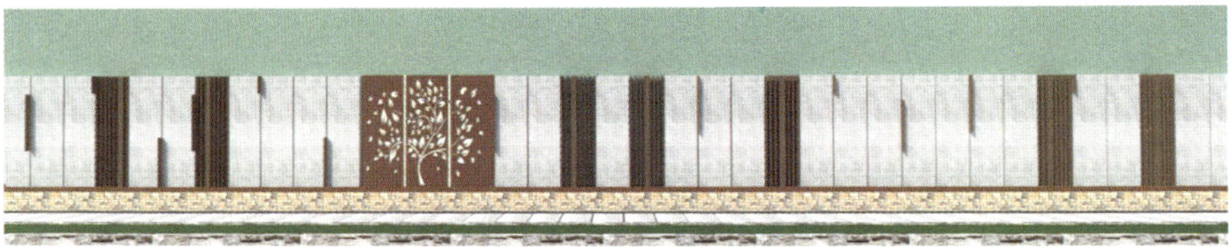

图3-10　旅游通道+围栏

（五）文创景观设计

1. 煤气储罐，清洁发电

在发电厂的前方围墙上，设置了一个关于清洁能源重复利用过程的装置景观墙，把一个错综复杂的清洁发电体系变成一个简洁明了的视觉体系。将复杂的能源生产及再利用的形态与模式，通过直接的视觉形式向参观者展示并让其参与其中（图3-11）。

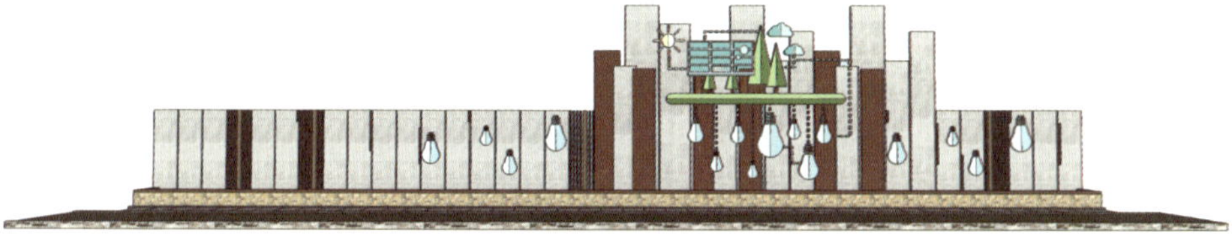

图3-11 清洁发电体系

2. 综合轧钢

综合轧钢区的景观围墙表达了工厂与环境和谐共生的基本理念。将最具代表性的工业化元素——齿轮与树干巧妙地结合在一起，这种艺术化的外形，有工业景观的美感，再一次展现了工厂的绿色形象（图3-12）。

图3-12 齿轮树枝

3. 炼钢区

炼钢区的分叉路用造型简约的方形门连接两边的办公楼，颜色彼此呼应，在空间上保证了视觉的连续性（图3-13和图3-14）。

图3-13 炼钢区

图3-14　办公楼

4. 原料大棚

在焦炭大棚前方的绿化带中，火烈鸟作为景观元素，将人与自然，自然与动物，动物与人共生的理念衍生开来（图3-15）。

图3-15　原料大棚景观节点

5. 原料区

原料区的景观围墙直观展示了最开始铁矿石开采的过程。在道路的末端，以一幅青蛙彩绘收尾，标语中“哇”与“蛙”谐音，诙谐地与游客再一次产生互动。多次出现的动物形象，都在传递着绿色工厂与绿色生态共生的理念（图3-16~图3-18）。

图3-16 原料展示区

图3-17 过磅站

图3-18 矿石分类设备创意小品

6. 轧钢展示区

希望设计的景观墙能够自己讲述它的故事，讲述它如何将原料转化为钢铁的操作过程。景观围墙上简洁明了的图案语言，展示了钢铁炼成的基本原理（图3-19和图3-20）。

图3-19 轧钢展示区

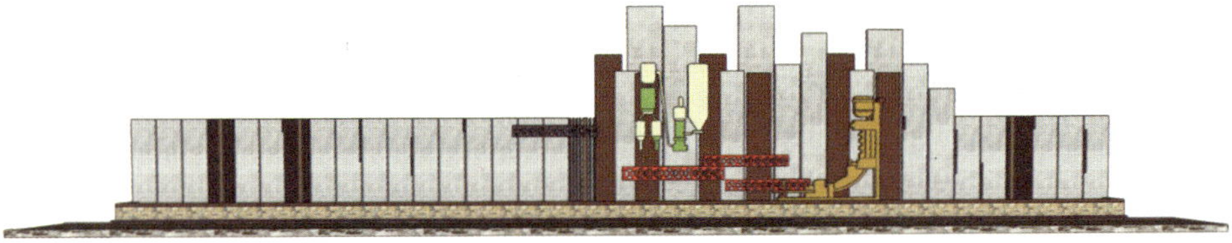

图3-20 轧钢展示景观装置

7. 环保展示区（图3-21）

图3-21 环保展示休息站

8. 其他文创设计（图3-22和图3-23）

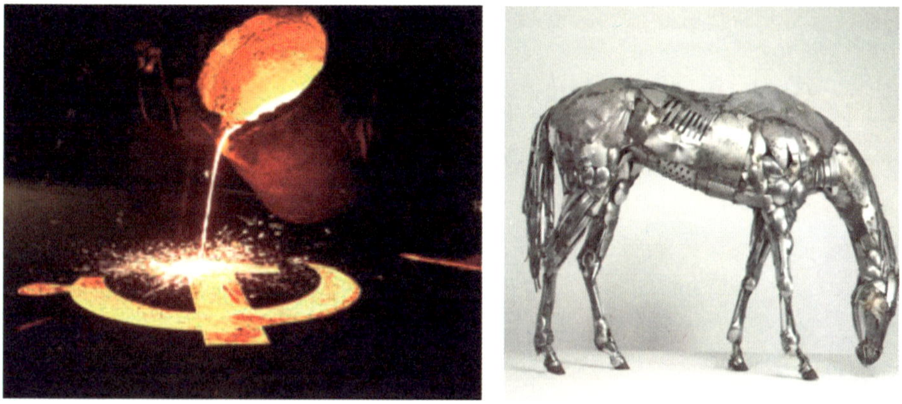

图3-22 钢铁景观装置

图3-23 钢铁工艺品

第二节

特色乡村旅游主题化改造提升
——中国·金湖黄庄旅游设计方案

一、项目背景

作为首批国家级特色田园乡村试点村庄，整体村容村貌已通过改造焕然一新，为了给绿水青山植入故事，给绿水青山融入文化，让绿水青山活起来，村里民宿展陈也需要讲故事、述情怀，需要将村落中7栋民宿进行主题化布展提升，体现新农村文化风貌。

二、存在问题

江苏省金湖县黄庄位于塔集镇高桥村中部，东临荷花大道、西濒淮河入江水道，水资源丰富、生态环境良好，村容村貌也改造得比较好，但作为首批国家级特色田园乡村试点村庄，黄庄的故事没有体现出来。整体村庄文化氛围缺乏，没有可看可玩的民宿或户外景观，需要主题化提升（图3-24）。

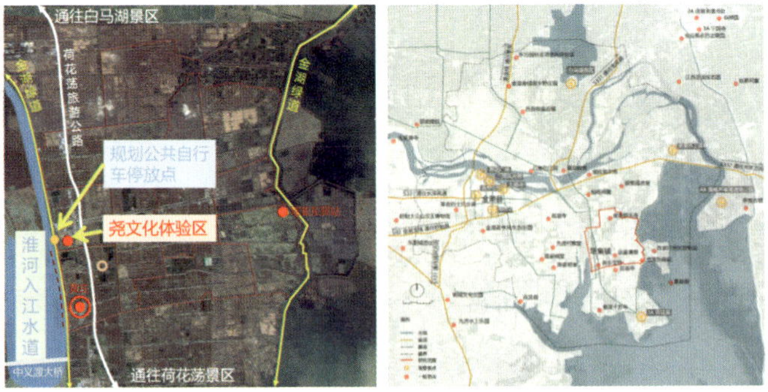

图3-24　黄庄区位分析图

三、提升思路

（一）主题定位

依托黄庄资源特色，做治淮主题的知青故里、做人民公社的土菜食堂，做儿时记忆的乡野体验，打造集文化体验、特色美食、情景购物、休闲度假等功能为一体的特色田园乡村。

1. 形象定位

忆治淮岁月，品知青乡愁

2. 功能定位

以农耕体验、乡村休闲为核心功能，以特色采摘、科普观光、民俗体验、美食购物、乡村娱乐为辅助功能。

3. 气质定位

做儿时记忆的乡村——追求乡村本色，重塑梦乡田园。通过四季田园景观变化、四季乡野活动、四季食材餐饮，构建原汁原味的乡村生活，让黄庄成为大人的回忆，小孩的记忆。营造乡村慢生活，减少现代化污染，宁静而纯粹，听鸟叫、听水声，看满天星，捉萤火虫，闻泥土味道。

做情味十足的乡村——传承乡村质朴人文风情，提供并鼓励游客自助服务、参与式自游自乐，构建黄庄以“诚信”为核心的乡村核心软资源。

做特色鲜明的乡村——既具有现代服务功能，又充满传统乡村特色。

（二）旅游项目开发

（1）以知青在金湖治淮的历史背景为依据，还原知青的生活场景、吃饭场景及治淮现场场景，为曾经的老知青提供一个回忆治淮岁月的引导，同时让现代人一起感受当年艰苦的知青岁月（图3-25）。

图3-25 知青主题照片

（2）**依托当地优质的自然环境与丰富的美食文化，突出主题餐饮、健康绿色、原汁原味等现代餐饮消费观，**将室内打造成知青主题食堂，还原“人民公社”时就餐场景。围绕旅游市场客源，开发系列菜品，尤其突出渔产品和龙虾产品为食材的创新开发，如水乡鱼宴、龙虾宴等。

（3）**以乡村孩子钓龙虾、采莲蓬、地头玩泥巴的乡土童趣为蓝本，设置乡愁童趣项目，**为家庭度假中的城市客群，提供一个乡里乡趣的亲子乐园，在亲子娱乐的过程中可体验乡趣、锻炼孩子的动手能力。

在荷塘的旁边，设立水产养殖区，放养鲤鱼、鲫鱼、泥鳅等。养殖区水深不超过成人的膝盖。游客可亲自动手，到养殖区内进行摸鱼、抓泥鳅，然后到餐饮区进行加工。

地头玩泥巴，可以将泥趣项目与泥艺、陶艺相结合，由专业人士提供泥艺、陶艺的指导，自己的作品可购买留作记忆。

利用周边开畅空间，为游客提供诸多具有水乡特色的农耕亲子体验活动，增加农趣体验，延长游客停留时间，同时将农耕文化元素与休憩设施、景观小品创意结合，营造周末度假的氛围。

（三）产业业态布局（图3-26）

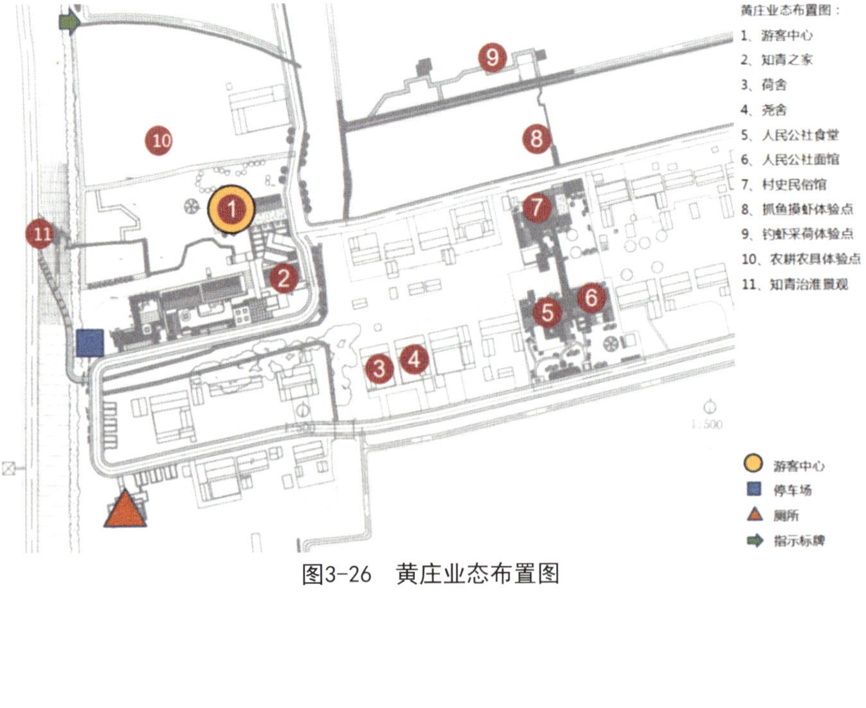

图3-26 黄庄业态布置图

（四）服务配套设计（图3-27）

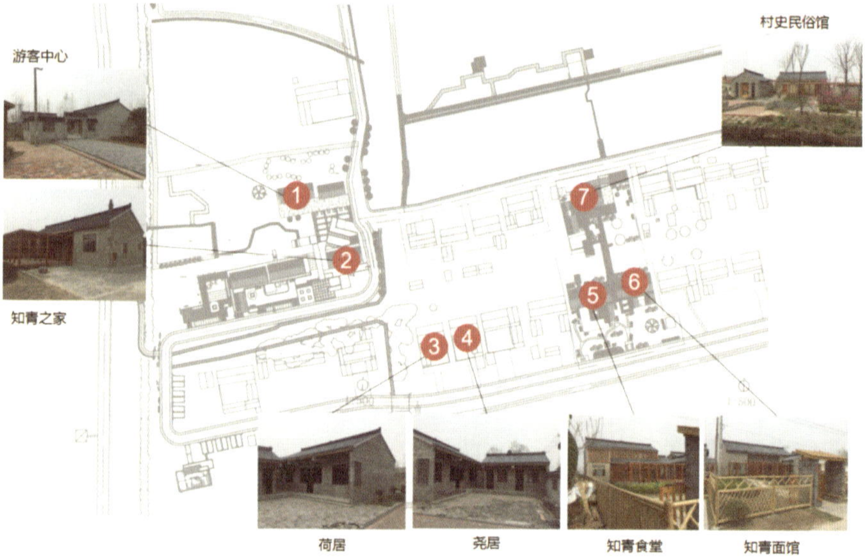

图3-27 总平面图

1. 游客中心改造

原建筑外立面及室内整体提升，入口放置马槽和谷仓，牛槽内种植荷花，同时设置3个停车位（图3-28和图3-29）。

图3-28 黄庄游客中心效果图

图3-29 黄庄游客中心室内效果图

2. 知青之家

外立面通过彩绘进行场景再现，室内布展收集当地一些老知青保存好的老物件进行展览，通过老物件及故事情节勾起那一代人对于过去时光的回忆（图3-30和图3-31）。

图3-30 知青之家室外效果图及室内平面布置图

图3-31 知青之家室内效果图

3. 尧风荷韵民宿

民宿分尧居与荷居，以新中式风格配以尧文化和荷文化元素进行室内布展，以清新淡雅的家具配套作为软装，营造清新淳朴的荷乡田园生活环境，同时在院子里布置磨盘、犁、推车等供游客体验（图3-32~图3-34）。

图3-32 尧居和荷居

图3-33　尧居室内效果图

图3-34　荷居室内效果图

4.“人民公社”

弘扬“治淮精神”，夯实基层党建，塔集镇知青文化底蕴深厚，将知青治淮精神融入室内装饰中，菜品以当地特色菜为主，打造“人民公社”食堂（图3-35~图3-37）。

图3-35 忆治淮精神

图3-36 “人民公社”食堂接待区

图3-37 “人民公社”民宿效果图

5. 塔集镇非遗文化

塔集非遗共有6项，其中包含塔集挂面、闵桥莲湘、闵桥刺绣、制香、打排斧、塔集传说等，在非遗馆内展示塔集挂面技艺，游客可以了解挂面的制作过程，同时还可以参与和面、揉面等体验，还可以品尝和购买自己做的挂面（图3-38~图3-40）。

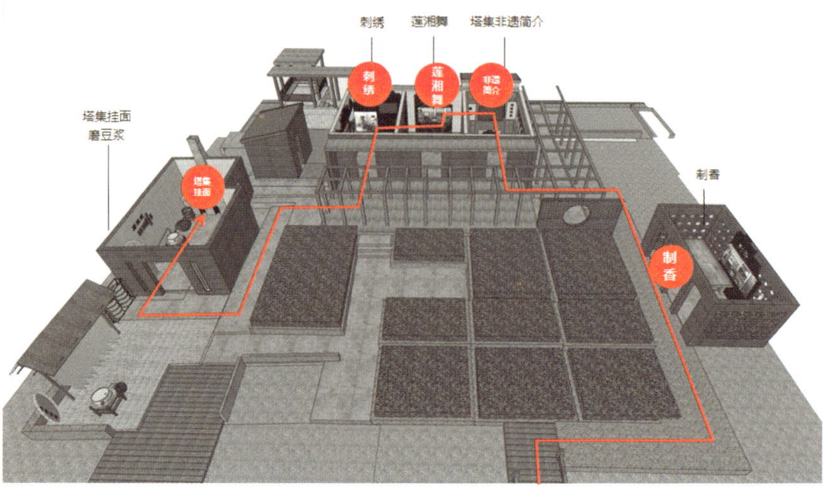

图3-38 塔集非遗展示馆

图3-39 塔集非遗展示馆效果图

图3-40 塔集挂面非遗展示

6. 其他节点打造

大堤上打造淮河入江水道文化、体现治淮精神，利用现有凉亭，设一蜡像镇水之牛，底座用黑色大理石上写毛泽东题词：“一定要把淮河修好。”（图3-41和图3-42）

图3-41　知青治淮场景

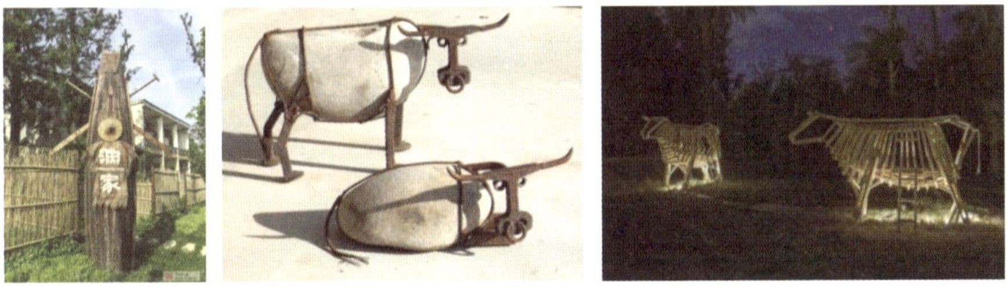
图3-42　文创景观节点

第三节
游客中心、旅游厕所、特色驿站文化氛围营造

一、游客中心文化氛围营造

（一）游客中心设施设备配套要求

游客中心是为游客提供信息、咨询、游程安排、讲解、教育、休息等旅游设施和服务功能的专门场所，属于旅游公共服务设施，所提供的服务是公益性的或免费的（表3-1）。

表3-1 游客中心设施设备配套要求

游客中心设施设备配套要求	
外部	景区信息发布LED大屏、“游客中心”字样、无障碍通道（有需要时设置）
服务大厅	全域旅游导览图、景区活动预告、宣传材料架（不少于4个，配置景区免费宣传材料、导览图）、报架、电脑触摸屏、ATM机等
服务台	咨询服务、导游服务、邮政服务、导游设备租借、寄存服务、公用电话、邮递箱、投诉信箱、意见本、游客满意度调查表、导游员信息公示等
售票处	分设团队、散客和网络售票窗口等
医务室	常用医疗设备、常用药品、医疗担架、急救箱、药品存储柜等（药品存放分类有序、科学合理）
母婴室	防滑地面、带安全扣的婴儿尿布台、提供热水和洗手液的洗手台、婴儿床、热奶器、便于哺乳的休息座椅、便于放哺乳有关用品的桌子、电源插座、垃圾桶、可上锁的门、帘子等遮挡设备、恒温空调、尿不湿自动销售机、呼叫设备
休息厅	休息桌椅、饮水机、报刊架、手机充电站、擦鞋机等

（续表）

迷童中心	简易的儿童游乐设施、卡通软塑地板、卡通的氛围营造、休憩座椅等
旅游购物	景区特色旅游纪念品、零食饮料等商品
其他区域	投诉处理办公室、导游办公室、司陪休息室、警务室、智慧景区调度中心（可与监控室结合）等
其他服务	残疾人轮椅、老年人拐杖、婴儿车、针线包、雨伞等人性化设施；储物柜、无线网络、垃圾桶、灭火器、盆栽植物；相关游览及管理制度公示：如游览须知、注意事项、投诉流程图、游客中心制度等

（二）尔目哈萌游客中心设计案例展示

1. 项目名称：扬州·邵伯古镇游客中心室内设计

2. 项目背景

江苏省扬州市江都区邵伯镇是中国历史文化名镇，始建于东晋，迄今已有1600多年的历史。随着唐宋运河漕运、盐运事业的发展，邵伯成为南北舟车通道，即是京杭运河线上闻名遐迩的文化古镇，又是商旅流通上著名的“大马头”。2014年6月22日，京杭大运河邵伯段的邵伯古堤和邵伯码头被列入大运河遗产点（图3-43）。

图3-43 邵伯古镇和游客中心建筑外立面效果图

3. 提升思路

游客中心占地面积10672平方米，用房呈现“日”字形双四合院围合布局。

地块北侧、西侧均设置地面停车场，东南角设置入口广场，绿化以线性绿化和庭院绿化为主，形成多层次的景观环境，多样植物群搭配，重点布置在地块东侧和南侧迎街区域。

游客中心为1~3F建筑群，南部建筑为1F，北部建筑为2~4F，南部建筑一层为售票大厅、旅游咨询服务区；北部建筑一层为超市、餐饮，二层为游客服务办公区、餐饮，三层为办公区，四层为会议区。该建筑体现传统韵味与当代艺术及现代生活的融合，在立面划分、屋顶设计上与传统尺度相协调。

4. 提升方案

大厅接待：针对接待台、休息区，在装饰风格上均通过新中式风格，采用仿古木饰面，通过平面与立体两种不同的表达方式来丰富空间的层次。

图3-44 游客中心大堂效果图

图3-45 游客中心接待台效果图

把邵伯的人文、民俗、风土人情、特色景区、美丽乡村、特色美食、特色农家乐、民宿等，以图文、影像、模型、声光电等多媒体的手段展现给游客，让游客全方位了解邵伯的美、感知邵伯的美，激发游客游览的激情（图3-44~图3-48）。

图3-46 游客中心展厅效果图

图3-47 游客中心多媒体休息厅效果图

图3-48 游客中心会客厅效果图

二、旅游厕所文化氛围营造

旅游厕所是反映旅游业文明程度的重要标志，直接体现出公共服务水平的高低。“厕所革命”前，大多数景区的厕所存在设施老旧、卫生差、管理不到位等问题。因此，旅游厕所在建设时应重点关注洁净度、美观度、便捷度，强化生态理念，因地制宜、特色突出。

旅游厕所的建筑风格不仅要与景区环境相协调，还可通过与地域文化元素的结合使建筑更具有特色。同时，通过门牌、指示牌和门前空间的创意提升美观度。

（一）设计标准

《旅游厕所质量等级的划分与评定》（GBT 18973—2016）中对旅游厕所等级和设计标准进行了明确的要求，应以标准作为设计基础。

A级

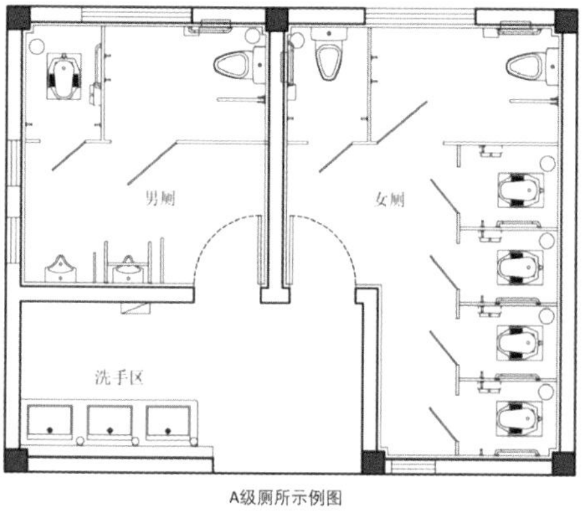

A级厕所示例图

必备项	
隐私保护	应注意隐私保护,有效防止偷窥
厕位比	男女分区的厕所男女厕位比例（含男用小便位）不大于2:3
厕位设施	每个厕位内应设手纸盒、衣帽钩、废弃手纸收集容器，宜设搁物板（台）。每个厕位内应设不少于一个扶手，安装牢固，位置合理
灭火器	需配置灭火器且灭火器在有效期内
选址	厕所的选址和建设过程中不可破坏文物古迹、自然环境、景观景点
环境保护	①任何污水和处理过的中水均不可排入以天然水为主题景观的水域 ②污物管道不可直接接入雨水管、河道或水沟内 ③水冲厕所应建化粪池，化粪池的出口应接入污水管网，化粪池出口的水质应符合CJ 343的规定。不具备水冲 厕所建设条件的，宜采用符合环保要求、维护方便、运行可靠的新技术来建设旅游厕所。不可采用耗材难以降解的厕所技术。不宜采用高耗能的厕所技术 ④不能经污水管道排放的污物应输送到法规允许的处理场所（如粪便消纳站、粪便处理厂），如果没有应修建。采用新技术的厕所，需要建设排放物处置设施（如贮粪池）的，应不造成渗漏 ⑤厕所使用的除垢剂、洗涤剂等会流入排污管的耗材应符合GB/T 26396中C类产品的要求。用于金属洁具的除垢剂、洗涤剂不应对相应的金属有腐蚀作用
免费开放	厕所需免费开放
管理与服务	①应有厕所的保洁质量规范、安全管理的规范和厕所责任区的规定 ②厕所内如有安全隐患，应及时排除，排除安全隐患期间，应设置明显的提示信息及隔离带防止游客靠近。厕所的厕间、便位、洗手盆等基本功能单元及设施因故障、耗材短缺等各种原因导致停用的，应设置明显的提示信息，并注明大致原因
恶臭强度	恶臭强度不能超过4(含)。恶臭等级详见表3-2
独立大便器	所有大便位均需设置独立便器和隔断，槽式大便位一票否决

	室内设计	厕位（间）	便器	配套设施	无障碍厕位	第三卫生间	管理间	工具间
重要参数	a) 固定式厕所室内净高度不小于2.8m(设天窗时可适当降低)，活动厕所厕位内净高度不小于1.9m b) 厕所内单排厕位外开门走道宽度应不小于1.0m，双排厕位外开门走道宽度应不小于1.5m	a) 大便位净使用尺寸应不小于长1.2m,宽0.9m b) 小便位间距应不小于0.7m c) 厕位（间）宜设置搁物板（台） d) 坐便位宜配置坐垫纸盒	大小便宜采用非手动触发方式	洗手盆宜配节水龙头	无须配备	无须配备	无须配备	无须配备

2A级

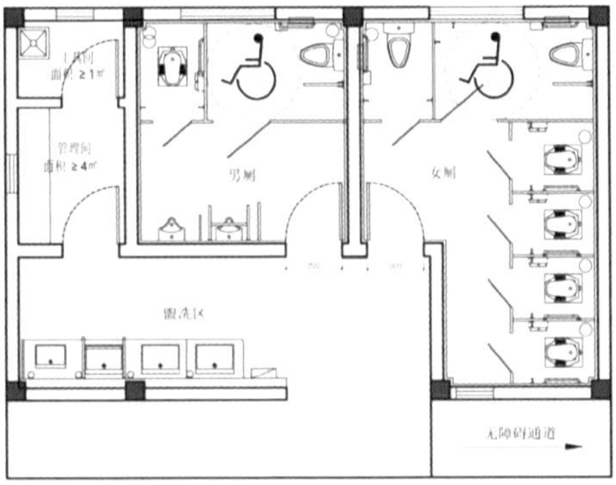

AA级厕所示例图

必备项（需先满足A级厕所所有必备项）	
外观设计	外观与周边环境相协调，较好体现地域文化或旅游区特色，设计具有较高创新性
无障碍设施	厕所应设置无障碍厕位、无障碍洗手盆、无障碍小便位、坡道、扶手、轮椅回转直径等功能应符合GB 50763的规定,厕所配备的无障碍扶手应为抗菌产品，且必须配置齐全
恶臭强度	恶臭强度不超过3(含)，恶臭等级详见表3-2
独立便器	所有便位均需设置独立便器和隔断，槽式厕所一票否决
管理间、工具间	需单独设立工具间（或工具柜）或管理间

	室内设计	厕位（间）	便器	配套设施	无障碍厕位	第三卫生间	管理间	工具间
重要参数	a) 固定式厕所室内净高度不小于3.2m(设天窗时可适当降低)，活动厕所厕位内净高度不小于2.0m b) 厕所内单排厕位外开门走道宽度应不小于1.2m，双排厕位外开门走道宽度应不小于1.7m c) 室内所有水、电、暖通等管线应暗装 d) 宜设应急灯	a) 大便位净使用尺寸应不小于长1.3m，宽1.0m b) 小便位间距应不小于0.75m c) 厕位（间）应设置搁物板（台） d) 坐便位应配置坐垫纸盒	a) 应选择节水型大便器，采用非手动触发方式 b) 应选择节水型小便器，采用非手动触发方式	a) 洗手盆宜配节水龙头。洗手区应至少配备一个儿童洗手盆或洁手设备 b) 洗手液容器与洗手盆的比例不小于1:2 c) 干手设备与洗手盆比例不小于1:4 d) 厕所的手纸盒、纸巾盒、废弃物收集箱宜选用入墙式	必须配备	无须配备	如设置，面积不小于4平米	如设置，面积不小于1平米

3A级

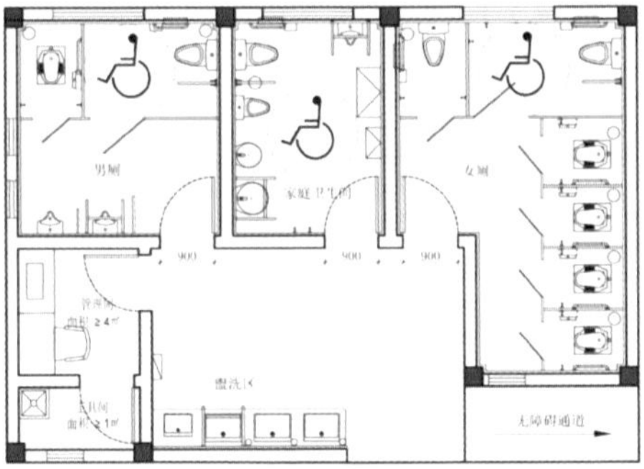

AAA级厕所示例图

必备项（需先满足A、AA级厕所所有必备项）	
外观设计	厕所外观充分体现地域文化或旅游区特色，具有很高的创新性
第三卫生间	必须设置有第三卫生间（家庭卫生间）
恶臭强度	恶臭强度不超过2(含)，恶臭等级详见表3-2
管理间、工具间	需单独设立工具间（或工具柜）和管理间

	室内设计	厕位（间）	便器	配套设施	无障碍厕位	第三卫生间	管理间	工具间
重要参数	a) 固定式厕所室内净高度不小于3.5m(设天窗时可适当降低)，活动厕所厕位内净高度不小于2.2m b) 厕所内单排厕位外开门走道宽度应不小于1.5m，双排厕位外开门走道宽度应不小于2.0m c) 室内所有水、电、暖通等管线应暗装 d) 宜设应急灯 e) 内部装饰应体现与旅游区相适应的文化氛围	a) 大便位净使用尺寸应不小于长1.5m,宽1.1m b) 小便位间距应不小于0.8m c) 每个厕位内设两个手纸盒 d) 扶手应选用抗菌扶手，每个厕位应不少于一个，安装牢固，位置合理 e) 挂衣钩，每个厕位不少于两个 f) 厕位（间）应设置搁物板（台） g) 坐便位应配置坐垫纸盒	a) 应选择节水型大便器，采用自动触发方式 b) 应选择节水型小便器，采用自动触发方式	a) 洗手盆宜配节水龙头。洗手区应至少配备一个儿童洗手盆或洁手设备 b) 洗手液容器与洗手盆的比例不小于1:2 c) 干手设备与洗手盆比例不小于1:4 d) 厕所的手纸盒、纸巾盒、废弃物收集箱宜选用入墙式 e) 面镜应配备镜前照明设备 f) 宜配置地面干燥设备 g) 宜设置播放背景音乐的设备	必须配备	必须配备	面积不小于4平米	面积不小于1平米

表3-2 厕所恶臭强度同恶臭气体浓度及嗅觉感受关系

恶臭强度	气体（10^{-6}）		正常嗅觉的感受
	NH_3（氨气）	H_2S（硫化氢）	
0	0	0	无味
1	0.1	0.0005	勉强能感受到气味
2	0.6	0.006	气味很弱但能分辨其性质
3	2.0	0.06	很容易感觉到气味
4	10.0	0.7	强烈的气味
5	40.0	3.0	无法忍受的极强的气味

（二）尔目哈萌旅游厕所设计案例展示

1. 项目名称：南京·汤泉温泉旅游度假区旅游厕所设计方案

2. 设计思路

山水·厕所，人至山水处，寄情山水间，如厕应该拥有舒适放松的自然环境。

该项目地处汤泉旅游度假区，厕所建筑不仅要针对游客的需求而且要与景区的“汤”文化有所融合。设计上提炼乡土之简，取当地材料、石头墙、木栏栅、坡屋顶等，配以景观倒影池，细密竹林通透材料，线条的简化，体量、块面、空间的延伸，凝成一股沉潜的、宁谧的静定之气，成为独具特色的汤泉景观建筑。

乡土

优雅

朴素

图3-49 “听澜”驿站外立面建筑图

图3-50 “沐风”旅厕外立面建筑图

沐浴山风，取山水之气，采汤泉之禅，延续“汤”文化，坡屋顶、大量采用竹木等自然环保素材表现朴实简约的形态，通过形态与元素提炼，传达出既现代简约，又透射传统韵味的建筑风采（图3-49~图3-52）。

图3-51 “朴石”旅厕

图3-52 “东篱”旅厕

“东篱”以中式禅意古建为主，营造静谧开放的休憩空间，建立在与周边环境系统的联系，再配上篱笆小院，勾勒出雅致内敛的东方意境。深檐、缓阶、曲径、庭院，这些融入传统韵味的元素有机地安排在一起，使整个建筑与景观的联系生动起来。

三、特色驿站文化氛围营造

尔目哈萌特色驿站设计案例展示

1. 项目名称：盐城建湖·九龙口 主题驿站

2. 项目概况

九龙口，水道南北纵横，资源丰富，风景绮丽，故有“金滩银荡”之美誉。旅游驿站的主要功能是供游客短暂停留休憩之用。

码头驿站位于游船主码头区域，面积100平方米，主要功能为游客候船区，给游客在等待游船的时候提供售卖、休憩、旅游服务等功能（图3-53）。

图3-53 码头驿站

花海驿站位于缤纷花海区域，面积50平方米，主要功能为赏花休憩区，给游客在观赏花海的时候提供售卖、休憩、旅游服务等功能（图3-54）。

图3-54 花海驿站

鸟巢驿站位于望湖亭附近，面积50平方米，主要功能为观鸟休憩区，给游客在观鸟的时候提供售卖、休憩、旅游服务等功能（图3-55和图3-56）。

图3-55 鸟巢驿站

图3-56 鸟巢驿站构架分析图

渔趣驿站位于浮翠群岛附近，面积50平方米，主要功能为渔趣体验区，给游客在体验渔趣的时候提供售卖、休憩、旅游服务等功能（图3-57）。

图3-57 渔趣驿站图

船坞驿站位于珍禽屿附近，面积50平方米，主要功能为船坞观禽区，给游客在观赏珍禽的时候提供售卖、休憩、旅游服务等功能（图3-58）。

图3-58 船坞驿站

第四节

主题文化街区氛围营造
——徐州泉山花语路爱情文化街提升设计

一、项目诉求

1.如何在短时间将花语路打造成徐州第一爱情网红主题文化街，支持国家全域旅游示范区的创建？

2.如何通过优化商业业态、提升主题氛围特色，发挥绝佳的效益叠加作用？

3. 如何统筹兼顾周边社区生活、交通通行、市民休闲与旅游接待的关系？

二、现状情况分析

花语路位于徐州市泉山区，长478米、道路宽20米。区位北至花语城小区，南至菁华逸景小区，西至长安路，东至翡翠路，总面积约14000平方米。现状为新建商铺，均为毛坯，需整体风貌打造（图3-59）。

图3-59 整体风貌打造平面图

三、提升思路

顺应徐州市泉山区创建国家全域旅游示范区的要求，立足花语路街道和商铺现状，坚持“空间情境化、商铺主题化、活动参与化、景观互动化、街道景区化”理念，着力打造国内知名的沉浸式爱情文化主题街，成为徐州甜蜜休闲新去处、街区旅游新亮点。

在新一代消费者购物需求及体验习惯发生重大变化的背景下，主要购物街区、大型购物场所明显面临巨大压力，“商旅融合”发展，成为众多购物街区新一轮转型的路径选择。立足“街区—旅游—生活”三者内在关联度，基于街区空间特征、顾客消费特点、城市商业基因以及市民行为规律，从场所定位、市场细分、业态差异、商品品质、环境设计等多个方面，重构街区生态圈和体验链，让街区深度嵌入全域旅游发展和居民生活当中，为城市建设贡献自身独特价值（图3-60）。

图3-60　入口效果图

（一）遵循城市功能，统筹协同推进

特色街区要从城市功能基本需求出发，与周边人口、消费需求、交通体系、环境保护以及社区建设相协调，强调“主客共享”的发展理念，形成市场吸引力的同时，促进城市功能的完善和升级。

（二）科学合理定位，突出鲜明特色

把握街区的自身特点和优势，按照爱情主题特色提升设计，调整业态，并

发挥利用好樱花文化、爱情文化等，彰显特色，打造精品（图3-61~图3-65）。

图3-61　小区入口效果图

图3-62　爱情列车效果图

图3-63　装置街摆设计 ——"爱情号"列车，正立面

图3-64　爱情故事区示意图

图3-65　时光隧道示意图

（三）政府合理引导、强化市场运作

加强爱情主题与环境氛围的营造，加强整体市场推广，同时要遵循经济规律，坚持市场化经营，培育健康的产业形态。

（四）注重建设细节、完善配套功能

街区的打造要注重细节。标志牌、垃圾桶、路灯、休闲座椅等造型设计、

位置摆放都关系到街区的整体形象，同时要解决好停车、摊位、亮化、广告牌等配套设施和配套服务等问题（图3-66~图3-69）。

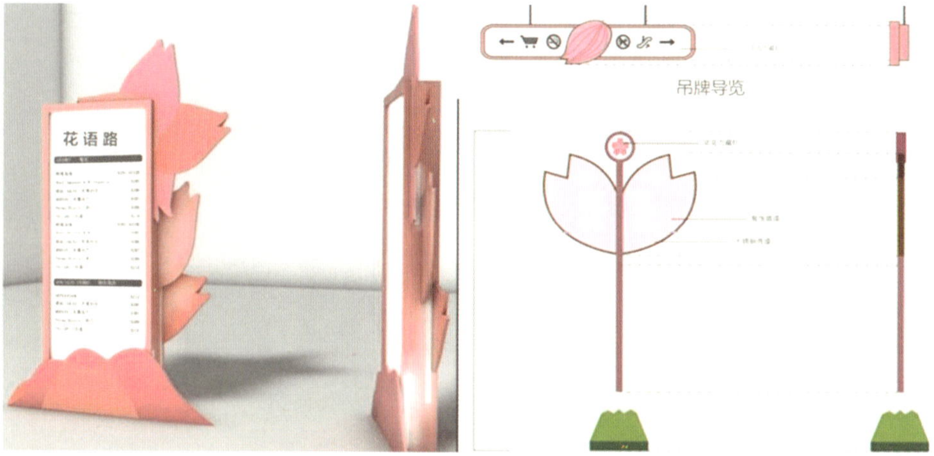

图3-66 导览系统设计：标识牌，导览牌

图3-67 自助售卖系统设计——自助爱情取款机（与银行合作）

图3-68 垃圾桶设计

图3-69 停车场设计——创意非机动停车位

第五节

标志性景观节点氛围营造

一、贾汪区全域旅游文化景观设计方案

（一）项目背景

江苏省徐州市贾汪区坚持以习近平总书记“绿水青山就是金山银山”的重要思想为指引，为了创建国家全域旅游示范区，体现区域旅游文化氛围，营造旅游气氛，塑造文化形象。

（二）存在问题

贾汪旅游景观大道沿路的绿化较好，但在关键节点上没有展示贾汪文化主题的相关内容，全域旅游大道整体文化氛围营造不足。同时景观大道虽然在沿路设置了一些广告宣传牌，但整体造型档次不高，同时宣传栏的排版比较简单（图3-70）。

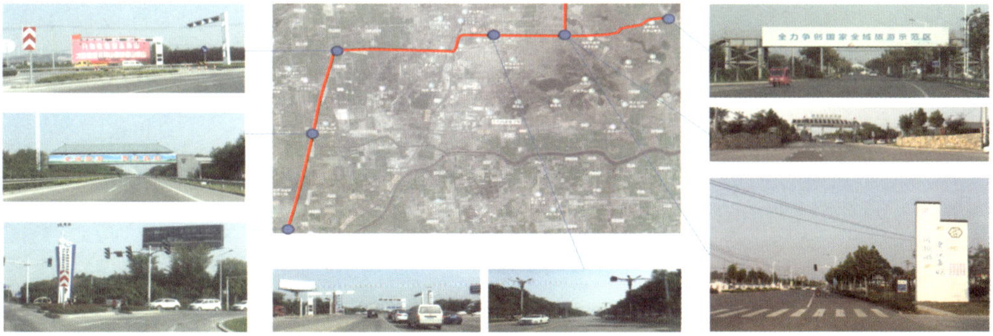

图3-70 现状照片

（三）提升思路

主要廊道的文化景观重点突出贾汪区的主题元素——生态、汉风及矿匠精神（图3-71~图3-73）。

图3-71 景观节点一效果图

图3-72 景观节点二效果图

“只有恢复绿水青山，才能使绿水青山变成金山银山。”区委、区政府坚持以习近平总书记“绿水青山就是金山银山”重要思想为指引，雕塑以红色旗帜为背景，在党和国家的关怀下，贾汪积极推动“生态+旅游业”为核心的绿色转型发展之路。景观小品塑造了贾汪区的绿色生态，充分表现了贾汪的生态、汉风以及矿匠精神。

“生态立区、旅游兴区，建立淮海经济区休闲慢城”是贾汪旅游发展的奋斗目标。贾汪LOGO的主题元素，将贾汪的山水人文通过荷叶、水波纹、树枝、香包等来体现，红色丝带则体现国家对贾汪的深切关怀以及贾汪人深入贯彻绿色发展理念。

图3-73　景观节点三效果图

二、梅花湾景观文化氛围提升设计方案

（一）现场问题及项目诉求

梅花湾原为大丰西郊梅园，园内精心打造了200亩的“精品梅苑”，由于梅花花期较短，除了冬季外，其他季节没有旅游相关产品，为了创建国家4A级景区，景区内需营造梅花主题文化氛围，塑造景区特色。

（二）提升思路

文化是景区的灵魂，也是景区形象展示的主题词和关键要素，挖掘景区的主题文化，将其创意性地融入景观、建筑等方面，有利于景区在文化特色展现中独具风格，保持竞争力。

“梅花”是中国传统名花，作为文化可识别性元素存在于“梅花湾”当中。

图3-74 入口梅花廊道

入口景观标志：梅花自古是文人笔下的吟咏题材，既有清雅脱俗的风度，也有传统中式的画面感，以王安石的“梅花”为依据将梅花、月洞门和假山通过艺术手法设计成“梅花”主题的创意文化符号（图-74和图3-75）。

图3-75 入口“精神堡垒”

南门主题小品通过传统扇形、梅花剪影、白墙及云朵，运用象征艺术手法，阐释作为民间吉祥象征的梅花（图3-76）。

图3-76 南门景观小品效果图

东门主题符号通过月牙、云纹、飘带及书简等中式元素，无论从主题、形式及意义等方面都表现出鲜明的梅花湾特征，阐释梅花湾的主题文化——百花落尽后只有梅花绽放得那么美丽、明艳（图3-77）。

图3-77 东门景观小品

三、金坛茅山旅游度假区关键交通节点氛围营造

（一）项目背景

江苏省金坛茅山旅游度假区内道路较宽，游览主要以车行导视为主，区别于旅游景区的人行导视系统，车行导视系统的一级导视需结合体量较大的交通景观节点及“精神堡垒”来进行整体布置及设计（图3-78）。

图3-78 现场照片

（二）存在问题

整体度假区与外部道路交接处的绿化氛围较好，视野开阔，交通指示明确，但在外部没有导览系统指示。作为以道养文化为主题的旅游度假区，交通路口并无辨识度，缺少主题文化氛围（图3-79）。

图3-79 区位分析图

（三）提升思路

“金坛茅山，道养江南”—— 以“关键界面、廊道、节点”为重点，营造度假区道养主题氛围。

“山水卷轴、第一福地”——翻开卷轴，秦汉神仙府，梁唐宰相家，金坛茅山第一福地跃然纸上，呈现江南山水之风（图3-80）。

图3-80 书卷设计效果图

“高山流水、风轻云淡”—— 以高低起伏的山形呈现金坛茅山第一福地的秀水青山，营造一种宁静、闲适的意境（图3-81和图3-82）。

图3-81 山形设计效果图

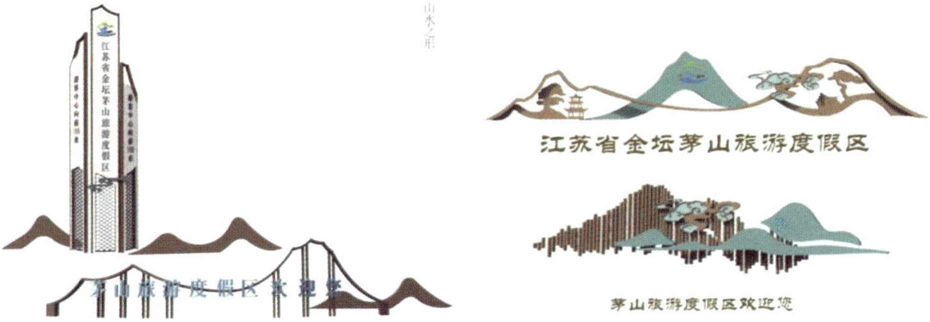

图3-82 其他山形设计效果图

“缥缈云烟”——在坡地上通过竖向营造群山剪影，山谷里的缥缈云烟升起，道出“金坛茅山 道养江南”的主题（图3-83）。

图3-83　坡地群山剪影效果图

第四章

旅游品牌创意设计实操案例

CHAPTER FOUR

第一节

VIS设计、旅游宣传资料设计

—— 大丰施耐庵故里文化景区VIS设计

一、项目背景

大丰施耐庵故里文化景区位于江苏省盐城市大丰区白驹镇，大丰区白驹镇以施氏宗祠为基础、以花家垛岛为核心，大投入打造国家3A级景区“中华水浒园”，大力发展乡村特色旅游，通过了江苏省特色景观旅游名镇验收。2017年，总投资32亿元的白驹古镇“水浒原乡”改扩建PPP项目成功入选省财政厅项目库。该镇围绕全域旅游统筹文旅产业发展，加大硬件建设和品牌推广力度。重抓文旅融合，丰富高质量发展内涵，将施耐庵故里水浒文化资源转化为旅游产业、转变为富民优势。通过拍摄旅游形象宣传片、市场营销、活动推介等多种方式，全方位宣传“施公故里、水浒原乡”品牌，提升旅游人气。以全域旅游概念为引领，高标准编制旅游概念总体规划，稳健推进白驹镇“水浒原乡”PPP项目建设。

2018年10月，江苏省旅游资源规划开发评定委员会经过严格对照国家评审标准，正式批准“施耐庵故里文化景区”获得国家4A级旅游景区资质认定（图4-1和图4-2）。

图4-1　大丰施耐庵故里文化景区大门

图4-2　介绍册

二、设计条件

景区品牌，在景区日常运营当中，是一套相对独立，自成闭环的系统，只有对整个品牌进行整体设计，才能解决景区资源浪费、推广不力、形象不符、应用不灵的现象。VIS设计不是用来完成任务的，更不是为了应付检查过关而去设计。有人认为景区形象只要设计一个LOGO就行了，但是如果走品牌之路，一个LOGO是远远不够的，区别在哪里？打个比喻，有没有品牌形象设计，就是正规军与杂牌队伍的区别，在展现品牌的“精气神”方面有着本质差异。

景区进行VIS设计，可以借助三个条件或契机：

（1）景区建设初期，对外形象推广的需要；

（2）抓住创建国家4A级景区、创建特色风情小镇、国家或省级旅游度假区等契机进行设计或提升设计；

（3）领导层品牌战略思路的大力推动。

尔目文旅集团能够结缘大丰白驹施耐庵故里景区，正是在大丰施耐庵故里文化景区创建国家4A级景区的工作节点上。由此，尔目文旅集团被选为大丰施耐庵故里文化景区整合策划设计施耐庵故里的VIS，树立施耐庵故里的品牌文化标杆、规范景区独特的文化特质与传播形象。

设计内容包括：品牌故事与定位；品牌LOGO形象及基础规范设计，品牌在景区管理规范与推广上的创意应用设计等（图4-3）。

图4-3　施耐庵故里文化景区LOGO

三、设计思考

（一）整体思考

在设计施耐庵故里景区LOGO之初，是站在白驹镇的文化角度来思考的，离开了地域文化就没有施耐庵的故里文化，也没有水浒摇篮的佳话。

在设计之初，必须从整体考虑、多点出发：

图4-4 提取相关设计元素

千年历史的水乡古镇、文豪锦绣之地——白驹镇以相传古代天降陨石，形似白色小驹得名。这里是四大名著之一《水浒传》的著作者、文学巨匠施耐庵故里。拥有独特文化资源的国家3A级景区——“施耐庵故里·中华水浒园”及红色文化旅游区的文化名镇（图4-4）。

因此LOGO的设计需展现其丰富的历史文化魅力、历史古迹、自然风光、人文景观、湖荡相连的湿地文化。打造集历史、文化、生态、人文、美景等为一体的施耐庵故里新形象。

（二）核心提炼

景区LOGO是形象表达，但是LOGO在应用中应该包括图形内容，中英文名称部分，还有核心标语（slogan），核心标语必须精练易懂、形象有味、准确表达、容易传播。我们对施耐庵故里的标语是“施公故里 水浒原乡”的陈述，一是施耐庵文化的根在大丰白驹，文化之正宗，二是《水浒传》原著来自大丰白驹，水浒的故事原型来自白驹地区，所以有原乡一说（图4-5）。

施公故里 水浒原乡

图4-5 景区LOGO

（三）应用落地性

景区的VIS不同于其他制造型、商务型、政府型、网络型等企业或单位，因为景区有其独特的品牌内容与应用需求，很多北上广的大广告公司，甚至不乏国内知名的外企设计公司，给景区做VIS设计，看上去很高大上，但是在落地执行的时候却完全走了弯路。

1. 内容要全

景区VIS有自己的应用属性，门票、宣传折页等是景区不可或缺的内容，但这却是一般广告设计公司最容易忽视的内容。景区的规范设计不能只注重通版而不注重景区的特色性，不能只注重规范而不注重实际应用。

图4-6 门票上的视觉标识

2. 细节够细

景区的设计需要符合旅游相关国家标准，因为这些设计的内容是景区在相关检查、复查、验收等过程中的重要得分项，这些得分项是最容易得的，也是最容易忽视的。门票、宣传折页上应该明确有相关联系信息、游览图形信息、智慧旅游的信息、标识符合信息、外文语言文字信息等（图4-6和图4-7）。

图4-7 宣传页上的视觉标识

3. 标注明确

所有项目设计当中，标注必须符合标准与实际应用，信息符号的运用必须是最新的标准要求，必须本着旅游者的角度来做设计，让游客看得实用，看得舒心，感受艺术与文化（图4-8和图4-9）。

图4-8 包装袋上的视觉标识

图4-9 邀请函上的视觉标识

（四）文化的塑造

景区的VIS必须紧紧抓住景区的文化，并能把文化融入旅游中，施耐庵故里景区LOGO的名称，采用名家集字的创新手法，但又不会有名家著作权的争议，而又有了名家大师的风范。文化的塑造方面，对施耐庵在《水浒传》中塑造的核心人物IP手绘再现，这也是传统文化用艺术化轻松表达的方式之一。

在具体形式上，采用时空穿越的设计理念方式，写古人的字，用古人的工具，吃古人的美食，穿古人的衣服，这些都是作为景区旅游VIS的设计文化理念（图4-10~图4-13）。

A

施耐庵故里文化景区

SHI NAIAN'S HOMETOWN CULTURAL SCENIC AREA

B

C

施耐庵故里文化景区

SHI NAIAN'S HOMETOWN CULTURAL SCENIC AREA

≥40mm

图4-10 景区名称字体设计

图4-11　景区导览牌

图4-12　景区标识标牌

图4-13　文创商品

第二节

画册、折页等宣传资料案例

景区宣传系列资料也是景区日常宣传工作中必备项，如画册、折页、单页、门票等。

首先，这些宣传资料内有必备的内容项，景区折页、单页等，须有三个电话（咨询、投诉、救援）、宣传二维码、网址等，门票须有简要地图、游客须知等内容。

其次，这些资料的设计须融合景区的文化与风格，结合现状特色进行创意设计（图4-14和图4-17）。

图4-14 门票设计

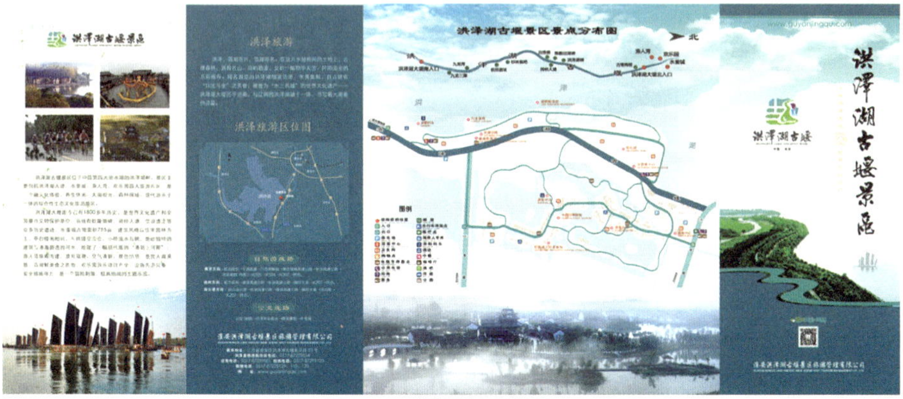

图4-15 景区折页设计一

图4-16　景区折页设计二

图4-17　旅游宣传画册设计

第三节

景区标识标牌设计

—— 南通张謇故里文化旅游景区标识标牌设计

一、项目概况

张謇故里文化旅游景区位于江苏省南通地区海门市常乐镇，是南通市重要的旅游资源之一，是弘扬张謇精神、传播社会主义核心价值观的重要基地。多年来，获得“省级爱国主义教育基地”“省级社科普及示范基地”“省级科普示范基地”“南通市思想教育基地联盟副理事单位”等多项荣誉。自2011年张謇纪念馆创成3A级旅游景区以来，景区不断扩大规模、提升内涵，目前已经形成了“一馆（张謇纪念馆）、一街（状元街）、一园（颐生文创园）”为核心的文化类旅游景区，内容丰富，特色鲜明。2017年游客接待量突破50万人次，社会评价好。2018年，常乐镇严格按照国家旅游局对于4A级旅游景区的创建要求，仔细谋划创建计划，有条不紊地开展创建工作，加大景区基础设施投入，提升景区服务品质，争取创建国家4A级旅游景区。2018年年底，江苏省旅游资源规划开发评定委员会经过严格对照国家评审标准，正式批准南通张謇故里文化旅游景区获得国家4A级旅游景区资质认定。

在景区创建国家4A级旅游景区的重要节点上，尔目文旅接受了景区的委托，承担设计景区全面、系统、符合标准与规范的标识标牌设计任务。

二、设计思考

（一）基于创建契机

张謇故里文化旅游景区要想实现创建国家4A级景区的目标，显然，标识标牌设计与建设也是创建工作中的重要一环，对景区的标识标牌进行系统的定制详细设计，既迫在眉睫，也是设计的最理想时期（图4-18~图4-20）。

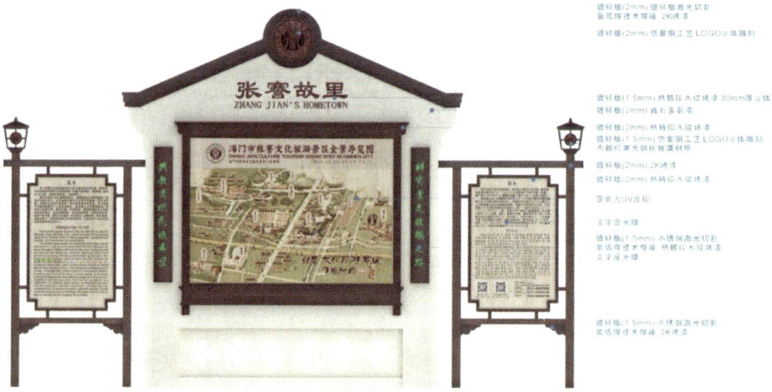

图4-18 景区导览标牌

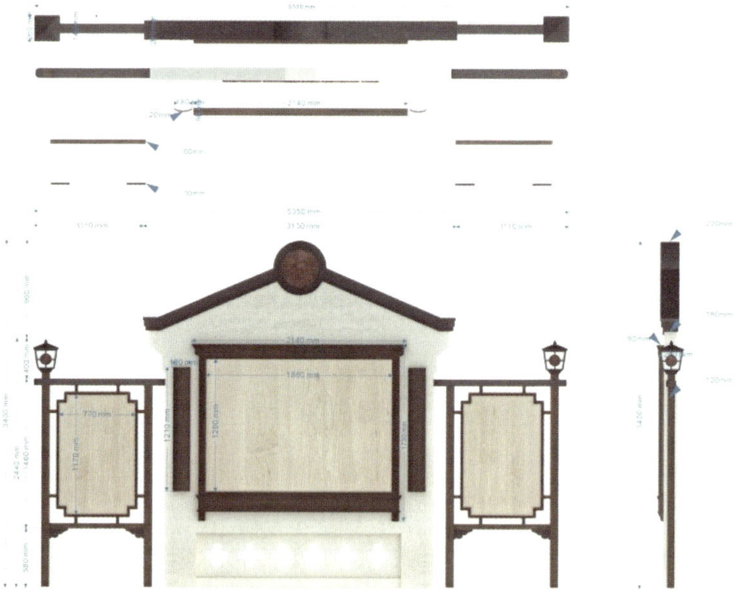

图4-19 景区导览标牌尺寸

图4-20　南通张謇文化旅游景区标识标牌实物图

（二）基于文化特色性与实用性的融合

标牌的设计需要整体思考。首先是要能彰显张謇故里文化旅游景区的文化特点，突出实业救国先驱张謇先生及其所处时代的文化特质，设计出属于张謇故里旅游文化景区自己的标识标牌。同时，突出标识标牌的实用性，让标识标牌真正能起到引导游客游览的作用。指引准确合理，做到一步到位。标识标牌在创建项目验收检查中不丢分，甚至争取加分（图4-21）。

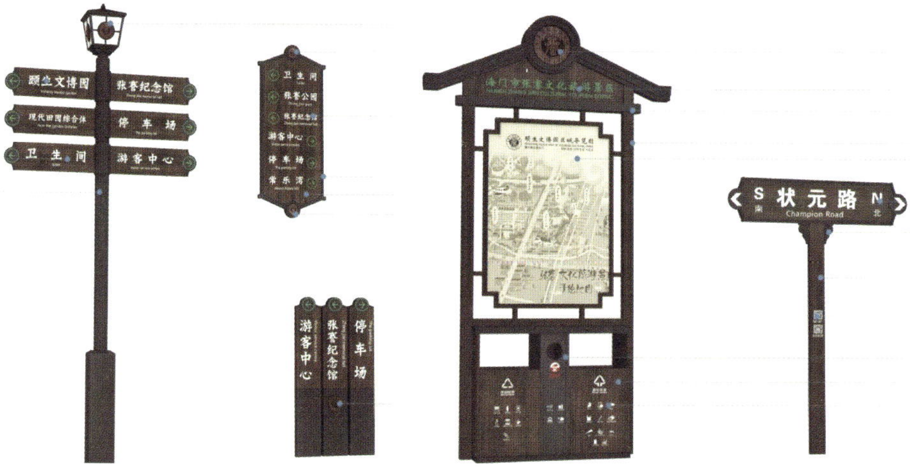

图4-21　景区导览标识标牌

（三）基于标准进行合理的体系化梳理

设计内容与体系上按照国家高等级景区的标准要求。一是功能的标准要求；二是信息符号的标准要求；三是人性化的标准要求。并对景区导视系统进行梳理，按照六个等级划分进行系统设计，从一级导视总导览牌到六级导视警示牌等（图4-22和图4-23）。

图4-22　标识标牌设计参照国家标准

图4-23　国家标准在卫生间标牌上的应用

（四）基于设计中的材质与工艺的实用性

在设计工艺上，建议设计成经久耐用，易打理、好维护为佳，采用工艺成熟，更新方便的理念；材质设计建议使用钢结构、金属不锈钢、镀锌钢板，金属材料牢靠、防腐、坚硬；工艺采用氟碳喷涂、烤漆、热转印木纹漆等先进工艺，以解决防锈缺陷。为保证产品的生态性与和谐性，可多种材料并用，并适当采用木材等暖性材料做装饰，增强人的舒适感（图4-24）。

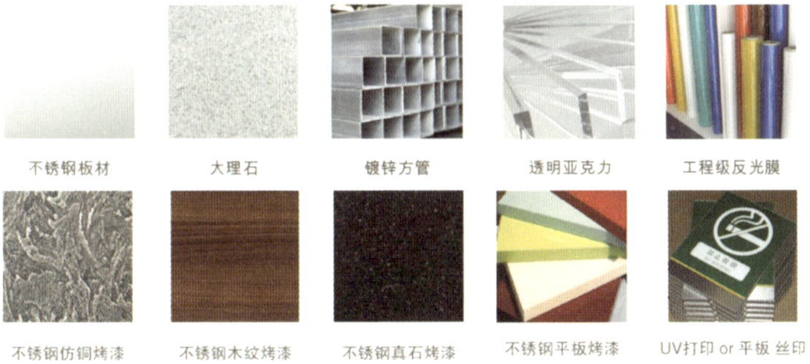

图4-24 遴选建造材料，在确保功能性的前提下彰显标牌的文化气质

（五）基于施工便利的布局与布点

对项目进行完整系统的合理数量统计布点，并形成数量统计布点图，利于后期的项目走程序与落地安装工作，特别是对多向导览牌上内容的准确标注，是做好标识标牌重要的一环。

第四节 景区手绘全景导览图设计制作

一、综述

景区手绘导览图设计是近年来景区对外形象宣传特色化与规范化的新的表现形式。手绘图能让呆板的地图活跃起来，让游客有一种耳目一新的轻松感。目前市场上手绘地图层出不穷，花样也很多，因为这一市场门槛低，手绘功底参差不齐，所以造成市场的鱼龙混杂，有很多景区请艺术类的学生爱好者给点辛苦费就做了景区手绘地图，但是这样的图往往在景区验收复核等环节中丢分，更不必说在绘画中对游客的导览导视性作用了。

我们为景区提供各种旅游手绘地图，包括手绘景区旅游全景图和手绘全域旅游全景图等。

二、手绘景区旅游全景图设计步骤

首先，确认景区范围，梳理景区内核心景点及配套服务设施；其次，对景区现状进行全方位、无死角技术航拍；最后，由技术人员梳理景区区域内的交通与各景点的位置并形象手绘设计（图4-25）。

图4-25 洪泽湖景区和金坛茅山上阮美丽乡村手绘景区旅游全景图

三、手绘全域旅游全景图设计步骤

首先，确认范围，梳理核心旅游吸引物的层次，梳理旅游配套服务场所层次；其次，航拍现状现场；最后，进行技术手绘设计。其中，需标注出各层级的旅游核心吸引物(旅游景区、旅游资源点)、各层级的全域旅游集散中心、旅游交通（地铁、高铁、高速、长途客运站等）、旅游风景道及绿道、旅游厕所、旅游停车场、加油服务站、旅游医院、重要交通集散点等（图4-26和图4-27）。

图4-26 手绘全域旅游全景图案例：高淳区

图4-27 手绘全域旅游全景图案例：建邺区

四、注意事项

手绘旅游地图是一项繁杂而系统的工程，一般都只提供一种手绘风格方案，前提是项目开始前双方确认一种手绘风格，而设计方必须确保设计内容应符合国家高等级景区标准、国家和省市区全域旅游工作相关标准要求。

手绘地图不仅仅用在全景导览牌上，还可以用在景区或旅游单位的宣传单页等资料上，做出属于自己特色的旅游地图，往往也会深受旅游者的喜爱（图4-28）。

图4-28　西津渡历史文化街区导览全景图

第五章

旅游标识标牌制作实操案例

CHAPTER FIVE

第一节

标识标牌制作与安装——金湖水上森林标识标牌制作

一、项目背景

淮安金湖水上森林景区位于江苏省淮安市金湖县，属里下河地区。景区占地面积12000亩，其中5000多亩池杉林和3000多亩芦苇荡，不仅是大量鸟类、水生生物的天然生活世界，也是人类与大自然和谐共处的欢乐家园，享有“池杉王国、鸟类天堂、天然氧吧”的美誉，是华东地区具有影响力的集观光休闲、度假养生、田园文创于一体的大型森林综合体。

二、主要问题

（一）半湿半干地基混合，材质防锈防腐难度大

作为水上森林、湿地类型景区，金湖水上森林地势低洼、地下水位高、空气湿度大，鸟类、水生动物众多，这就要求标识标牌的耐腐性需要经受得起自然环境的严峻考验。

（二）多种材质拼接，有机融合困难多

根据设计方案，景区的导视系统需要融入吉祥物、森林、水面等诸多元素，因此在制作工艺上存在将不锈钢、木材、铝板等不同材质拼接的困难，简单焊接工艺难以满足多种材质的稳定融合，如何将大版面完整拼接，如何将平面雕刻做成立体效果，这些都成为项目的重点难题。

（三）必须将自然生态环保问题放在重要位置

金湖水上森林自然环境优美，生物多样性十分丰富，在金属、涂料的选材上必须选用耐腐蚀、无污染环保材料，在施工过程中，必须注重对自然生态的有效保护。

三、对策措施与工作成效

（一）选用耐腐材料

以金属材料为主，分别选用耐腐性较强的304型号不锈钢和铝型材，即使内部钢构部分的钢材也经过热镀锌处理，只有极少部分生态装饰效果的部件使用便于更换、就地取材的池杉作为原材料。

（二）静电喷塑替代传统人工喷漆

通过静电粉末喷涂设备把粉末涂料喷涂到标牌的表面，在静电作用下，粉末能均匀地吸附于工件表面，形成粉状涂层，经过高温烘烤流平固化后，再通过热转印技术，最终形成附着力大、耐腐耐磨、仿真效果好、质感更强的标识标牌。

（三）不同材质完美融合

制作过程中遇到不锈钢、铝板、石材、木材混合使用时，我们采用最新型的高科技设备和技术将它们完美地融合在一起。大型板面拼接与木纹热转印时，我们都采用S形分割无缝拼接技术完成。

（四）引进立体镂空雕刻机

打破常规雕刻机在平面雕刻上的局限性，克服了一件立体物件需要多次平面雕刻、组装的烦琐与困难，可以直接在圆柱体或立方体等立体物件上一气呵成地完成雕刻，高效快捷地刻制出更加完美的立体造型。

（五）文明施工，保护生态

在不锈钢标牌的涂料上，我们选用新型环保涂料，这种涂料有害物质含量少，苯、甲苯、二甲苯、乙苯限值500(mg/kg)，卤代烃限值500(mg/kg)，甲醛及甲醛聚合物限值100(mg/kg)，汞限值60(mg/kg) ，铅限值90(mg/kg) ，镉限值75(mg/kg)， 铬限值60(mg/kg)；施工过程中，尽力不改变地貌、不破坏绿化，不折损花木树草，不影响动物栖息，将对自然生态环境的负面影响降到最低限度。

四、实景展示

实景展示示例见图5-1~图5-9。

图5-1 金湖水上森林标识标牌

图5-2 洪泽湖古堰景区标识标牌

图5-3 无锡三国城景区标识标牌

图5-4　大丰梅花湾景区标识标牌

图5-5　高邮盂城驿景区标识标牌

图5-6　溧水周园景区标识标牌

图5-7 连云港桃花涧景区标识标牌

图5-8 南京浦口草圣书乡标识标牌

图5-9 南京浦口珍珠泉景区标识标牌

第二节

景区标识系统布点

—— 南京珍珠泉景区内部标识系统布点方案

一、项目概况

南京珍珠泉风景区占地14.8平方千米，地理位置优越，交通十分便捷。从开发建设以来，景区以其丰富的旅游资源、完善的基础设施和蓬勃的发展前景，吸引了大量的游客和海内外投资者。已建和在建的36洞国际标准高尔夫球场、珍珠泉山庄、观光索道、旅游滑道、百米长城、农夫山庄等40多个项目，均以较强的参与性和趣味性吸引着越来越多的游客，每年游客量达百万人次。

南京珍珠泉风景区中标识设置布点是非常重要的一个环节。不同位置的标识会给旅游者不同的视觉效果。在同一环境中，标识作为环境的一部分，不同的位置也会对环境造成不同的影响。做好标识设置及布点，也是标识导视系统功能实现的重要前提条件。因此，标识布点设置也是标识导视系统中需要研究的一个课题。

二、主要问题

南京珍珠泉风景区面积广阔，有水上游览和登山路径，如果对景区标识系统的设置要求和规范不清楚，导向要素设置欠缺，容易出现破坏景观、标志不明、布点混乱、指向不清，有的甚至存在着安全隐患问题。

三、布点原则与措施

在布点过程中，坚持以下原则，注重细节，充分考虑到标识系统的功能性、安全性和美观性，并逐步落实到位。

（1）标识布点时，应保持连续性，按设计做到“应有则有”；同时不能为设置而设置，尽可能做到“该无则无”。

（2）标识设置既要醒目，也不能影响景致。

（3）一、二、三级索引标识一般设置在相关入口处、交叉路口的右侧，便于行人和车辆驾驶人阅览。

（4）确保安全性，一般设置在设施带内，行道树坑间，不得隐于花草树叶之中。盲道与盲道两侧各0.5米人行道空间不应设置标识牌。

（5）板式导向牌的外轮廓距路缘石外沿的最小距离为0.5米；标识的支撑杆距路缘石外沿的最小距离为1米。

（6）设施周边应留出合理的使用空间，以满足视距要求和通透性要求，不应阻挡通行视线。

（7）不应破坏地埋管线、绿化和景观，不应压占设施带内绿化树池，不应占压市政管线和检查井，并留出管线检查空间等。

（8）便于视读

①对位于最大观察者距离的观察者，偏移角不宜大于15°，如受条件限制，无法满足该条件要求，应适当加大标志的尺寸；应尽可能使标志的观察角接近90°，位于最大观察者距离的观察者，观察角不应小于75°。

②标识的正面或其邻近不得有妨碍人们视读的固体障碍物，并尽量避免经常被其他临时性物体所遮挡。

③标识通常不设在门、窗、架等可移动的物体上，以免物体移动后不可见。

（9）设置高度

①附着式设置高度与人眼水平视线高度大体一致；略高于人体高度。

②悬挂式和柱式设置的标识下边缘距离地面高度不宜小于2米。

（10）图形标志方向

①设置含有方向性的图形标识时，应避免其方向与实际场景方向相矛盾。

②设置禁止标识时，标识中的否定红色直杠应与水平线成45° 夹角。

（11）照明要求

①应将标识设在明亮的地方，确保人们能正常辨识。如在应设置标识的位置附近无法找到明亮地点，则应考虑增加辅助光源或使用灯箱。

②用各种材料制成的带有规定颜色的标识经光源照射后，标识的颜色仍应符合有关安全色标准的规定。

（12）精准落地

在既定的规划原则基础上，回避已有的道路设施，避免对行人车辆的干扰；同时，根据现场调研绘制标识布点图，并不断探讨修正，最终形成标识精准落地。

四、布点图（图5-10和图5-11）

图5-10　一级导视（总导览）2块；二级导视（区域导览）2块；四级导视（景点介绍）15块

图5-11 三级导视（多项导视）29块

五、其他案例（图5-12~图5-14）

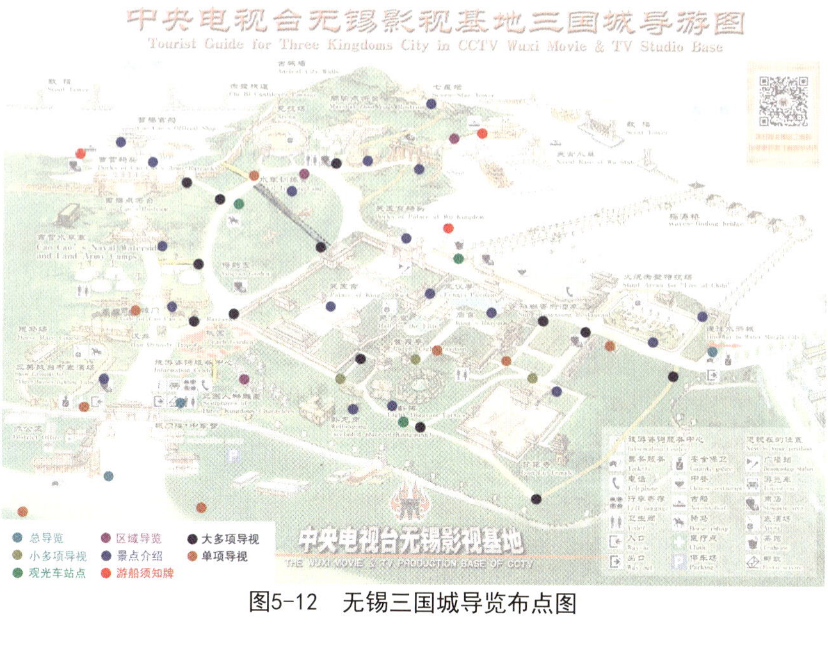

图5-12 无锡三国城导览布点图

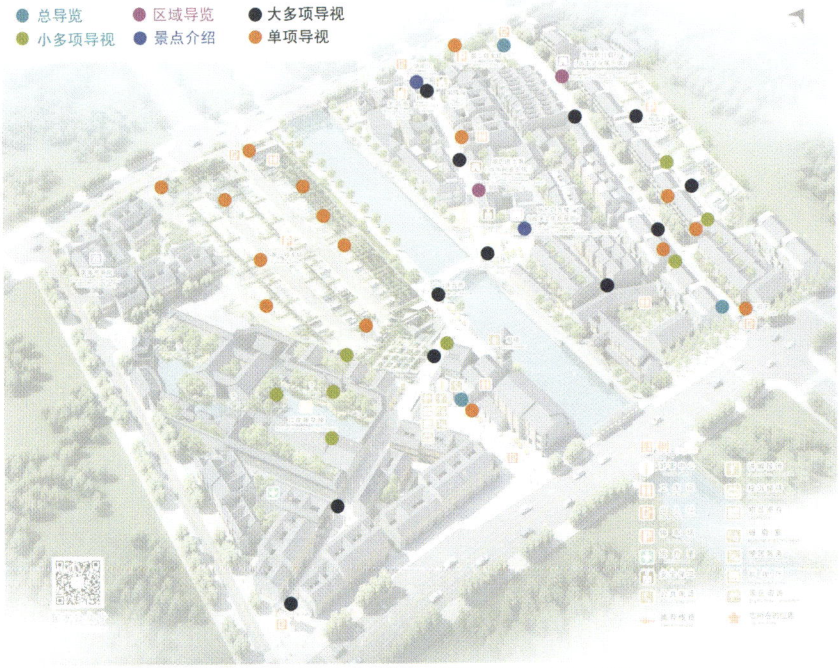

图5-13 泰州口岸雕花楼景区导览布点图

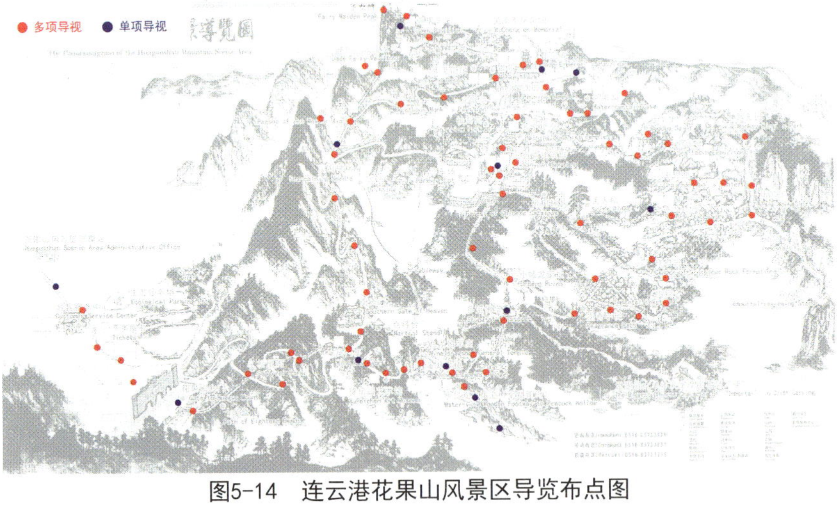

图5-14 连云港花果山风景区导览布点图

第三节

休闲座椅、垃圾桶

—— 连云港花果山景区休闲座椅、垃圾桶制作安装

一、项目背景

连云港花果山风景区，位于江苏省的东北部，景区面积84.3平方千米，层峦叠嶂136峰，其中花果山玉女峰是江苏省最高峰，海拔624.4米，峭壁悬崖，巍峨壮观，是国家级云台山风景名胜区的核心景区、国家5A级旅游景区、全国文明风景旅游区示范点、第二批国家级重点风景名胜区、国家级地质公园。花果山玉女峰茂盛的树林中，生活着300多只活泼可爱的猕猴。具有野性的猕猴在夏日的花果山上繁衍生息，与慕名前来的游客和谐共处，过着无忧无虑的生活，它们成为一道有趣的景观，也为花果山增添了灵气。但这也成为休闲座椅、垃圾桶安装和布点的障碍之一。

二、主要问题

猕猴天生野性，在景区内随处攀爬和破坏，我们此次的制作过程中首要考虑的问题之一，就是休闲座椅、垃圾桶材质和成品制造必须达到坚固耐用的效果。此外，花果山地表大多为石头，也为安装带来相当大的难度。

三、对策措施与工作成效

首先，材料选用不锈钢为主材，立柱采用加厚钢管，用新型激光焊接解决了不锈钢与钢管之间的连接不牢、焊缝起泡的问题，确保外观平整，且有效解决猕猴攀爬、摇晃而造成垃圾桶倒塌、损坏的问题。

其次，采用静电喷塑高清热转印技术制作箱体木纹，避免了猕猴抓挠对箱体、椅面油漆的损坏。

四、实景成果展示（图5-15）

图5-15 垃圾桶设计

五、其他案例（图5-16）

◆阅江楼

◆洪泽湖古堰

◆中华水浒园

◆洪泽湖古堰

◆阅江楼

◆中华水浒园

◆洪泽湖古堰

图5-16 其他垃圾桶和休息长椅设计实景图

第六章

旅游营销策划实操案例

CHAPTER SIX

第一节

品牌营销策划

—— 南京牛首山文化旅游区“大品牌、大营销”专题策划案

一、项目概况

牛首山文化旅游区（以下简称“牛首山”）位于江苏省南京市江宁区境内，是国家4A级旅游景区，长期安奉世界佛教至高圣物：世界现存唯一的佛祖真身顶骨舍利。牛首山还拥有优质的人文与自然资源，是金陵四大名胜之一，素有“春牛首”之美誉（图6-1和图6-2）。

图6-1 牛首山佛顶寺与佛顶宫

牛首山自2015年开园以来，成绩斐然，游客增长连年攀升，旅游产品、宣传方式、宣传渠道等营销策略效果显著。发展形态方面，牛首山目前以观光休闲游为主，尚未真正开启度假模式；品牌方面，牛首山拥有健全的对外品牌宣传体系，在传统媒体、生活圈媒体、新媒体都有发声，并形成一定的影响；客源地结构方面，牛首山在中远程市场的渠道及推介策略取得了较好的效果，但对于南京本地及周边市场的吸引和挖掘不够充分；淡旺季方面，春、秋二季是牛首山传统的旅游旺季，而夏、冬二季表现欠佳，与江苏全省出游情况存在差距；节事活动方面，牛首山月月有活动，目前以祈福、佛禅文化体验、国学研学为主要活动内容，尚未进行系统性的规划。

图6-2　牛首山佛顶宫

从整体来看，尽管牛首山在品牌、营销等各方面都取得令人欣喜的成绩，但在发展过程中仍然存在不充分、不到位、不全面等问题，在品牌构建、营销传播等方面亟须新的思路和突破。尔目文旅集团受南京牛首山文化旅游区委托，开展了《南京牛首山文化旅游区“大品牌、大营销”专题策划》，收到了预期的效果。

二、主要问题

（一）背景考察

1. 政策方面

在新的历史节点，牛首山处在全球化的竞争格局、“一带一路”经济战略、文旅融合等时代背景下；同时也面临国家进一步推进宗教类景区健康发展的相关政策引导，特别是对宗教类旅游景区的商业化问题的意见。

2. 市场方面

休闲度假已现必然趋势，消费者不断增强的精神消费与个性化需求，全程触网的旅游行为模式，将对目的地的产品、服务、传播等各方面提出更高要求；牛首山位于华东地区旅游市场核心板块，周边文化类高质量核心景区众多，竞争激烈。

（二）核心问题

在对牛首山品牌营销现状梳理，对政策与市场背景等多角度研究的基础上，综合分析，全面诊断，发现牛首山在品牌营销方面主要存在以下六个核心问题。

1. 缺乏核心品牌统领

牛首山已经形成品牌定位，但现有产品线路布局、对外营销宣传、内部活动组织等方面缺乏一条主线，未能凸显品牌定位的工作统领与概念引领作用。整体呈现不聚焦、不突出的状态，主题特色不清、主攻方向不明，亟待进一步整合资源、凝练特色，在大品牌的主题引领下开展各项工作。

2. 品牌传播形象模糊

牛首山在受众心智中的形象相对比较模糊，尚未形成代表性极强且被受众熟知的品牌关联形象。通过对重点市场的访谈与抽样调查发现，多数消费者对于牛首山的认知停留在“知道”层面，除佛顶骨舍利、佛顶宫之外，没有更多、更清楚、更全面的印象。

3. 品牌支撑需要规划

牛首山亟须一套科学统一、清晰明确的品牌战略架构体系，以从多方面支撑、彰显并不断塑造强化核心品牌，提升品牌竞争力与吸引力，更好地推进景区的高品质提升与高质量发展。

4. 体验设计亟须提升

牛首山目前还是观光经济，收入结构不够多元，产品丰富度不足；游客可参与体验的项目少，虽已设计并推出了一系列如研学产品、禅修产品、活动等体验性产品，但在体验性产品项目的设计与打造上需要更加丰富，更加融入创意、创新、科技等新的思维和做法。

5. 文化挖掘融入不足

牛首山拥有顶级的宗教文化资源，优质的人文与自然资源禀赋：佛顶骨舍利、牛头禅宗、建筑/雕塑艺术等佛主题文化；郑和文化、岳飞文化、生态文化等大牛首山文化。这些文化元素都需要更加深入挖掘、转化与呈现。

6. 营销传播需要创意

牛首山宣传体系健全，营销团队经验丰富，目前的宣传营销内容以活动宣传为主，在传播平台选择、传播方式创新、内容抓取与深度挖掘、体验式营销创意等方面需要整体提升。

三、对策措施

立足牛首山的发展现状与营销基础，充分明确核心问题后，站在新的历史起点上，基于新的环境背景，本着问题导向和目标导向两大原则，从新形势下更好地发挥牛首山社会担当的视角，来探讨牛首山大品牌的价值传播与可持续发展。

针对六大核心问题，提出“六有”解决思路，即品牌定位有高度；品牌构建有重点、产品服务有品质、文化挖掘有深度、营销传播有新意、体验消费有收获。

为此，分别从大品牌与大营销两大板块切入来探讨解决对策。

（一）大品牌板块

在对牛首山现有品牌进行充分诠释的基础上，提出牛首山中远期发展愿景和近期的发展目标，同时提出大品牌的“三步走”战略布局。

在大品牌的塑造中，突出强化打“文化”和“智慧”两张牌：一方面，抢占文化制高点，产生对内的文化凝聚力与对外的文化吸引力；另一方面，充分挖掘并展现好牛首山最为核心的资源——“佛顶骨舍利”所代表的大智慧。最终将牛首山塑造成为南京文旅的新爆点。

品牌的塑造最终离不开强有力的要素支撑，因此在众多的支撑要素中重点突出最核心的“品牌形象塑造”“核心产品提升”“节事活动组织”三大板块，形成“清晰、明确、统一”的品牌形象，“独特、优质”的品牌体验，和“系统化、市场化”的品牌节庆体系，进而有效地提升牛首山品牌的认知度、知名度、关注度、美誉度。

“品牌形象塑造”主要涉及：形成一个核心传播口号、明确品牌调性与意境、抓取并展现品牌的“核心卖点”，最终让品牌更好、更轻松地与消费者进行对话沟通。

“核心产品提升”重点是创意设计并形成深度市场化的体验产品与线路，从产品体验、服务等多方发力，提升牛首山的品牌吸引力。

“节事活动组织”旨在形成品牌化、系统化、市场化的活动体系框架，力求“有亮点、有爆点”，强势助力大品牌的构建与传播。

（二）大营销板块

要成功构建成熟、统一的品牌影响，前提是必须要形成一套有章法、有打法的营销思路。因此在牛首山大营销板块，我们提出：打一套“立体营销传播”组合拳的整体思路，通过主动对接市场需求，注重线上与线下平台的整合、联动，传播与销售渠道的互融、互通，最终实现高效精准的品牌营销，增强牛首山的品牌知名度与影响力。

1. 传播策略

在传播板块主要解决“传播什么”“对谁传播”“在哪传播”“如何传播”四大问题，以便更科学精准地传播品牌、传递价值。

通过分析确定牛首山的营销传播素材，我们将重点聚焦在品牌形象、产品体验、节事活动等方面；紧紧围绕核心品牌，针对不同受众人群，调配多个宣传渠道，形成合力，全力做到对游客市场、政务、信众三方面的兼顾，进而全方位地宣传牛首山，逐步形成品牌影响力；在品牌传播的空间策略上以“渗透本地，巩固周边，攻坚全国，放眼全球”的思路为主；在具体的传播战术上重点对线上新媒体平台和线下生活圈媒体平台予以关注，提出升级建议。

2. 渠道策略

在对销售渠道的布局上，紧扣品牌调性，围绕产品布渠道，“用适合的渠道把恰当的产品传达给合适的人”。根据牛首山现有及未来将要面市的重要产品，对渠道进行标准化、系统化的分类与梳理，并提出具体渠道建议。

（三）实施保障

不管是品牌构建还是营销工作部署，要能最终落地呈现，工作抓手的节点推进以及有效的保障必不可少。因此对牛首山未来三年的核心工作抓手做了提炼与计划，同时在政策、资金、技术、人才、组织等各方面提出建议，以保证牛首山“大品牌、大营销”的工作有力推进。

三、价值成效

（1）在新的发展阶段，提出“坚守定位”的思想。

（2）把握核心的差异化优势，抓住顶级资源（释迦牟尼顶骨舍利）所传达的核心价值（大智慧）。

（3）一切营销相关工作都紧密围绕品牌定位来思考、开展，不断强化品牌，对内提升了体验品质，对外塑造了品牌形象。

（4）让牛首山的品牌营销工作达到“做事有方向、有主线；推进有抓手、有亮点”的效果。

注：鉴于保密要求，相关更多、更深的内容不便在此全面展示。

第二节

节庆活动策划——大伊山全年节庆活动策划

一、项目背景

大伊山风景区是国家4A级旅游景区，位于江苏省灌云县伊山镇。人文景观丰富，自然风光优美，是苏北地区不可多得的旅游资源，素有“淮北平川第一神山”之称。但随着大众市场需求的多样化，新增旅游产品的多元化，大伊山景区的旅游节庆活动也走向残酷的优劣淘汰竞争中。

二、任务解读

大伊山节庆旅游起步较晚，由于市场营销缺位、旅游人才缺乏、经验不足，加上政策、资金等内外部因素的限制，景区节庆旅游面临不少问题。为着力解决大伊山风景区现阶段面临的游客体验性不足、旅游品牌影响力较弱、知名度较弱等问题，从当前旅游市场需求出发，围绕大伊山未来一年的活动规划展开，根据景区自身特点及现状，量身定制主题节庆活动方案，迅速形成市场聚焦。通过有节奏地规划，树立旅游品牌形象，向大众全方位展现大伊山节庆旅游特色，强化游客对景区的认知。

三、四大核心挑战及解决思路

经过分析，发现本项目存在四大核心挑战：

挑战一：大伊山景区拥有具有震撼性的高品质观光资源，但如何进行深度挖掘和外延立体开发，形成综合性的立体收益能力，是最大的挑战。在满足观光的前提下如何在休闲、互动体验方面得到满足？

解决思路：在策划中通过高度参与性的节庆活动设计、高度融合的游客体验从小尺度满足游客“食、住、行、游、购、娱”等多方面需求，以达到“从大到小，面面俱到”。

挑战二：节庆开发初现雏形，如何利用现有节庆快速提升价值？

大伊山旅游资源丰富，但其旅游形象散乱，现有的节庆活动没有主打卖点。特色鲜明的口号、视觉形象、风情形象、历史文化形象等缺少系统的形象设计与提炼。大伊山在周边市场的知名度不高，旅游吸引力不强。

解决思路：结合甲方已考虑或即将举办的节庆活动，在节庆策划中，将已有节庆进行重新“解剖”，根据景区整体发展方向及时间节奏，将文化性、游乐性、参与性项目融入其中，在不改变或极小改变已有节庆定位的前提下，通过以文化贯穿的形式充实节庆内涵，提升节庆价值。

挑战三：市场雄厚但需求差异较大，如何细分市场、定位市场，打造核心吸引点？

项目位于苏北中心位置，紧邻连云港、盐城、宿迁，可谓市场根基雄厚，特别是灌云县本地市场底蕴更加深厚。但这个市场规模，仍给本项目的市场定位提出了挑战，丰富的市场组成给项目选择市场增添了难度。

解决思路：在策划中根据本地市场与大环境市场进行叠加，通过市场细分确定客源组成，并根据市场细分来设计针对性节庆内容，“不求最全，但求精准”。

挑战四：时间紧迫，如何把握节奏，兼顾长短利益？

解决思路：整体策划中充分考虑项目自身特点以最少的工作量、最简单的设备设施、最特殊的产品组合形成景区节庆产品，构建节庆核心产品，“让最小的投入产生最大的回报”。充分把握住长期及短期的节庆活动及时序，将优势及可能的条件用到极致，在投资初期就能策划良好的发展路径。

四、策划构思

通过对景区区域、文化、历史等方面的考察与研究，立足景区资源，融注主题文化，用立体营销方式，市场运作方式构筑旅游品牌节庆总体理念，作为大伊山景区打造全年活动规划的最佳手段。

大伊山在旅游节庆中根据人群、事件、时间等多维度，持续不断地推出活动，迎合并创造用户连接，刺激消费，制造新鲜感和吸引力。在此背景下提出大伊山节庆活动体系框架（图6-3）。

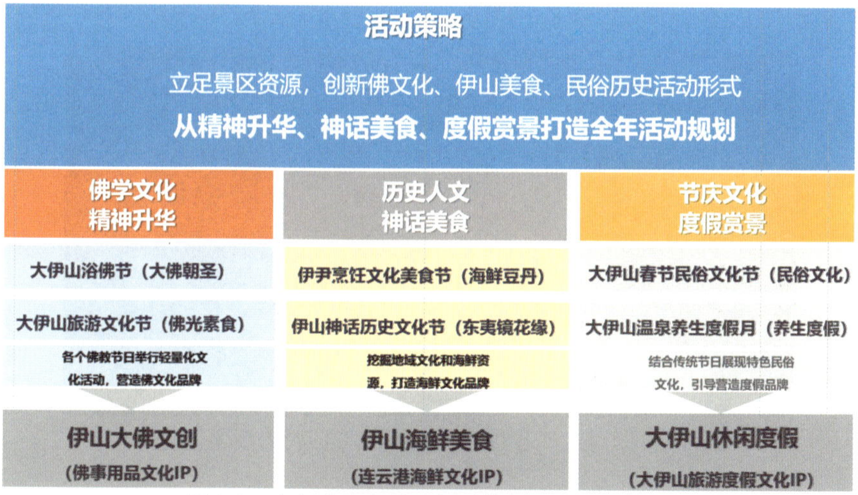

图6-3　大伊山全年节庆活动策划——活动策略

打造覆盖全年重点节庆、符合游客出游习惯、契合时间气候的全年度景区活动。将大伊山景区形象信息综合完整地表现出来，呈现在旅游者面前，使旅游者对景区产生清晰、明确的可感知印象，使旅游者乐于在景区的旅游活动中深度参与，从而使之对景区产生心理情结，增加旅游的停留时间、消费程度和对本景区的美誉度、忠诚度（图6-4）。

	1月	2月	4月	5月	7月	10月
活动节点	温泉旺季 寒假	春节节庆	春游旺季	“五一”节庆	海鲜旺季 暑假	“十一”国庆
活动名称	大伊山温泉 养生度假月	大伊山春节 民俗文化节	大伊山神话 历史文化节	大伊山 浴佛节	伊尹烹饪 文化美食节	大伊山旅游 文化艺术节

图6-4　大伊山全年节庆活动策划——活动规划

五、活动案例：一座佛点亮一座城——首届大伊山文化艺术节

（一）活动主题

随缘素行 点亮心灯

（二）活动目的

以特色鲜明的素斋节为抓手，形成佛教文化的旅游品牌力；将素斋文化与佛文化强关联，形成独特的旅游差异化名片；与本地市民的日常生活融合，打造品牌影响力传播的核心（图6-5）。

图6-5 一座佛点亮一座城活动氛围示意图

（三）策划构思（图6-6）

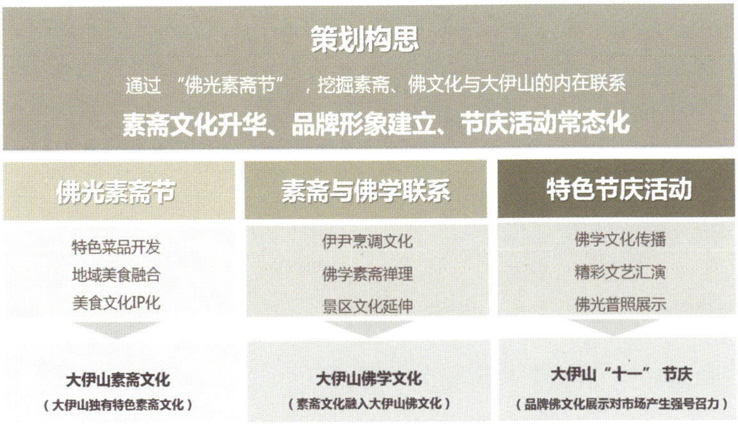

图6-6 大伊山文化艺术节——策划构思

（四）活动亮点

特色开幕：挖掘素斋文化内涵，打造特色互动活动，千人分享江苏最长长寿面，赋予素斋节美好寓意，引发各方关注。

创意互动：通过祈福、影展、少林拳等创意活动将素斋节与景区佛文化紧密联系，增强游客黏性，进一步强化大伊山佛学文化。

仪式引爆：打造亚洲最大坐佛佛光秀，极具震撼力的佛光秀，制造爆点公关事件，形成节假日社会话题，提升景区品牌影响力。

（五）内容策划

1. 活动预热——“千人长寿面”预约报名试吃

（1）活动内容

节庆开始前，依托当地知名的自媒体，在当地朋友圈扩散素斋节开幕信息，预告特色节庆活动内容，引发关注。采用电子表单的方式，提前收集报名信息，并通过制造饥饿营销的方式，对报名名额剩余数量进行不定期对外公布。正式开幕前，第一时间对社会公布参与试吃者名单。组织参与者参加活动，并产生话题分享。

（2）活动形式

活动之前，通过大伊山微信公众号、本地KOL发起开幕式报名；

微信线上抽取参与名单；

开幕式当天，邀请知名拉面师傅现场制作“千人长寿面”；

通过获得参与资格的幸运游客排队传递“千人长寿面”下入汤锅；

幸运游客共同分食“千人长寿面”，传递美好寓意，主办方宣布“首届大伊山旅游文化艺术节暨大伊山佛光素斋文化节”正式揭幕（图6-7）。

图6-7 大伊山文化艺术节——预热活动现场

2. 特色开幕式——首届大伊山旅游文化艺术节开幕式

（1）特色亮点

大屏互动实时直播、佛光普照灯光秀

（2）活动形式

活动晚间，在坐佛背后设置“激光艺术照明”，打造震撼佛光秀；

游客欣赏佛光秀后，可以购买祈愿烛灯参与佛光祈福；

祈福完毕，按照预先设置，游客将烛灯摆成佛像图案。

3. 亮灯仪式

以伊山大佛为主题，融会音乐、灯光效果等艺术于一体，运用现代高科技手段营造佛国神圣庄严奇幻的意境，给人以身临佛界的感觉和强烈的视觉震撼。亮灯结束后，寺庙僧人在住持的带领下从大雄宝殿走到佛像座下，开始诵经，僧人诵经完毕后，分列于佛像前广场台阶两侧，居士由大雄宝殿内走至佛像座下诵经。居士诵经完毕后分列于广场两侧，方丈走到佛像座下宣佛号，仪式结束。

4. “点亮心灯”传灯祈愿法会

取长明灯里的火种点亮莲花灯，游客手捧象征光明和智慧的莲花灯，围着佛像、宝殿缓缓绕行，形成转动的莲灯心海，以个人的一灯之明汇聚世间正能量，最终印照四海之心如明月光辉（图6-8）。

图6-8 大伊山文化艺术节——亮灯仪式

5. “随缘素行”—— 特色素斋展销

（1）素食展销——品尝、展示内地以及境外素食名小吃，融入灌云美食特色，促进大众消费。

（2）文化展示——布置禅文化展示长廊，提供休闲长廊和室内餐厅，供游客休息品尝不同口味的素食，实现健康体验快乐旅游。

6. 素斋佛缘——创意活动互动，实现景区引流

活动期间，购买素斋游客将获得免费求签机会，签中引导游客到指定景点进行还愿（神仙洞、盘丝洞、老龙涧等），完成还愿的游客可以领取免费纪念祈福签（图6-9）。

图6-9 大伊山文化艺术节素斋佛缘互动现场

7. 媒体宣传

借助网络&传统媒体&APP信息智能推荐，分阶段、多角度、多层次扩大声量传播，渠道以江苏本地媒体为主辐射全国。

（1）传统媒体：江苏卫视、《现代快报》《扬子晚报》、中新社、腾讯大苏网、连云港市《苍梧晚报》《灌云报》、灌云县电视台等。

（2）刊发网络媒体范围：人民网、新华网、凤凰网、网易、新浪网、搜狐网、中华网、北青网、中国网、21CN、TOM、中国新闻网、千龙网、央广网、扬子晚报网等。

（3）APP：今日头条、一点资讯、腾讯客户端、凤凰客户端、搜狐客户端、UC客户端、新浪客户端、网易客户端、百度客户端等。

（4）自媒体KOL：灌云旅游、万佛文旅、同城悦见、灌云新视界等。

（5）官方网站：连云港市文旅局官网、大伊山景区官网（图6-10）。

图6-10 大伊山文化艺术节——纸媒、网媒、视频全媒体渠道传播

8. 活动整体规划（图6-11）

主题活动	大伊山文化艺术节				
阶段主题	随缘素行 点亮心灯				
传播节奏	预热期	引爆期		延续期	
活动节奏	全面预热	互动开幕	佛光普照	素斋展售	景区活动
活动内容	H5报名征集广而告之 线下巡游、活动预告 新闻公关、媒体邀约	暖场活动 开幕式千人长寿面分享 传统文艺汇演 形意拳快闪	夜间佛光秀 佛光祈福 佛光影展 电视/网络直播	素斋雕花展 素斋品鉴 糖画禅意 趣味互动	素斋佛缘转山互动 佛事用品展
活动目标	#集客引流触发期待#	#节庆活动引爆传播#	#景区品牌活动打造#	#素斋文化沉淀#	#大伊山佛文化传播#
新闻公关	根据节点制造新闻话题引发持续关注				

图6-11 大伊山文化艺术节——活动规划

六、效果评估

（一）丰富旅游产品结构

通过全年的活动策划及落地执行，大伊山景区持续的节庆活动使景区的历史文化以动态的方式得到再现，丰富了旅游地的旅游产品。

（二）拓宽市场，增加客源

动态的节庆活动在短时间内形成较大的轰动效应，扩大旅游者对信息的感知，从而促使旅游者做出到该地出游的决策，对拓宽城市客源市场，改善客源结构起到了积极作用。

（三）带动相关行业，促进旅游地经济发展

节庆活动期间，大量游客来到旅游地进行消费，从而为旅游地带来了直接和间接的发展信心与市场机会。

第三节

全媒体整合营销

—— 连云港渔湾“嘻”水寻龙节全媒体整合传播

一、项目背景

连云港渔湾风景区是连云港旅游景点中“水景”的代表，为国家4A级旅游景区。连云港渔湾风景区位于江苏省连云港市云台山南麓，是花果山名胜区的重点组成部分。由于景区通达性差、旅行社串线度低等诸多原因，导致渔湾风景区的年游客量远落后于同属一座山体的花果山景区，市场知名度较低，缺乏有效市场推广（图6-12和图6-13）。

图6-12 连云港渔湾风景区

每年夏季都是连云港渔湾风景区的旅游旺季，不过景区客流受天气影响非常明显。雨季过后，景区内的“江苏第一落差”渔湾瀑布水量充沛，营造出的景致最为优美。这是渔湾吸引游客的法宝，降雨会吸引不少前来消暑、玩水的本地亲子客群。不过，靠“老天”获取本地客流，无法为景区的知名度带来更大提升，希望通过活动的举办和内容的传播，让渔湾景区在品牌建设上有一个新突破（图6-13）。

图6-13　连云港渔湾风景区“天下第一龙首”

二、问题把脉

（一）宣传目标不清晰，推广手段匮乏

1. 宣传缺乏创新，陷入打折营销怪圈

作为传统山水型景区，渔湾的营销推广人员习惯于通过旅行社渠道发传单，以及打折促销的传统方式进行推广，认为这是最省钱且最容易提升客流量的推广方式。

这或许是不少传统景区市场推广人员的普遍看法，降价促销是旅游目的地推广手段中最立竿见影的。诚然，短期来看，打折促销以及旅行社的阶段性大力推荐，势必会带来一批贪便宜的客流，但如果长期采取这种做法，无异于饮

鸩止渴，容易让消费者把低价和低质在潜意识中画上等号。最终，景区越打折美誉度越差，口碑也越差，陷入一打折就有游客，不打折游客就少得可怜的营销怪圈。

2. 宣传缺乏规划，推广全靠拍脑袋

淡季如何宣传？旺季如何宣传？逢年过节如何宣传？景区办活动如何宣传？这一连串的问号是景区营销推广人员绕不开的话题。作为传统型景区，往往没有专职人员负责景区的宣传推广，导致了景区宣传工作处于有事儿就报，没事儿就歇的状态，更不要提景区自媒体渠道建设了。传统型景区的宣传推广常年面临网站无人更新，微博常年搁置，微信推文多为领导慰问视察的窘境。宣传内容说什么，何时说，怎么说，基本上是领导说了算，想起来就发一条，忘记了就算。

（二）宣传费用几乎为零，目的地营销无社交

1. 收入勉强维持开支，拿钱做宣传有些奢侈

作为传统山水型景区，景区日常建设、维护需要不少的开支，而景区本身在没有二次消费收入的情况下，依靠可怜的门票收入，维持正常运营已实属不易，根本拿不出钱去投放广告做宣传，步入恶性循环的怪圈。

2. 自媒体半歇业，想发就发谈何社交

传统景区用人指标紧张，一人负责多项工作的情况比较常见。景区的自媒体运维更是难以做到专人负责，这势必导致了景区内容营销处于瘫痪状态。没有专职人员去发现景区好玩、好看的素材，并对外持续传播，更不要提通过自媒体和游客进行有效互动了。传统景区在网络社交媒体上很难引起消费者的关注，主要原因是缺乏优质内容。

（三）宣传资料陈旧，不重视优质内容输出

传统景区因为没有形成有效的内容生产机制，景区的宣传资料常年不更新。需要对外宣传的时候，才发现能用的优质资料非常有限。优质图片素材匮乏、视频素材奇缺，景区官网介绍陈旧，这些内容上的短板，致使景区的宣传推广难以打动互联网时代下的消费人群。

三、对策措施

（一）明确宣传节奏与排期，做到有备而战

1. 针对活动节奏科学安排宣传排期

针对为期一个月的“连云港渔湾‘嘻’水寻龙节”，一方面通过原有旅行社渠道将消息第一时间对市场放出，另一方面针对不同宣传渠道的特点及不同时间节点，在一个月内持续宣传，做到每日有消息，周周有亮点（图6-14）。

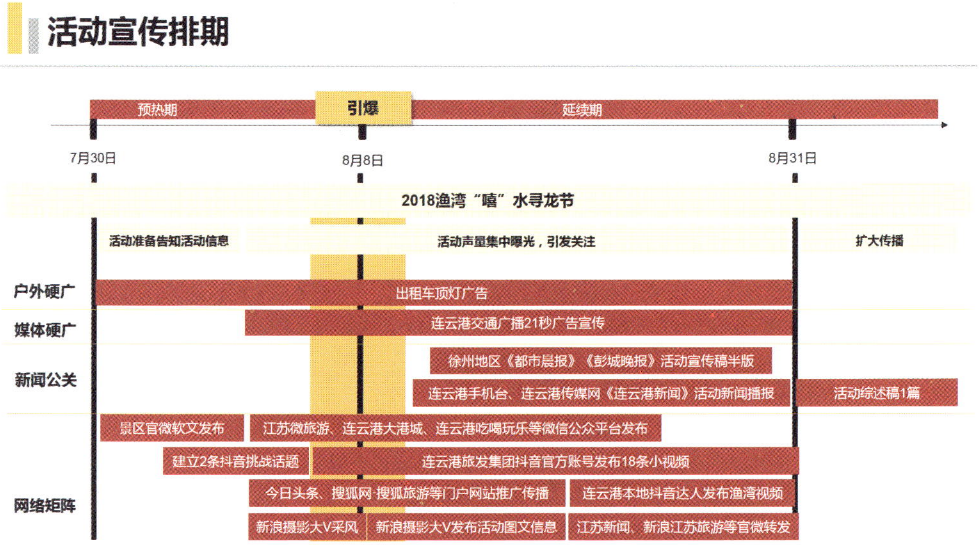

图6-14　首届连云港渔湾“嘻”水寻龙节宣传排期表

2. 传统媒体、新媒体组合拳，强强联手

针对打破本地市民对景区固有认知的维度，强调节庆活动的“新”字，让龙文化、水元素在传播中活起来。通过交通广播+出租车LED顶灯的宣传推广方式，发挥本地交通类媒体组合优势。宣传文案要充分考虑关键词的高频露出，强调“渔湾”“龙文化”等核心词（图6-15）。

多看效应+多听效应形成视觉和听觉的打通，让本地自驾市民，外地出租车乘客都能多维度地在路途看到或者听到渔湾的活动介绍。在活动举办的一个月内，连云港市的大街小巷，已经都知道渔湾举办了“嘻”水寻龙节活动（图6-16）。

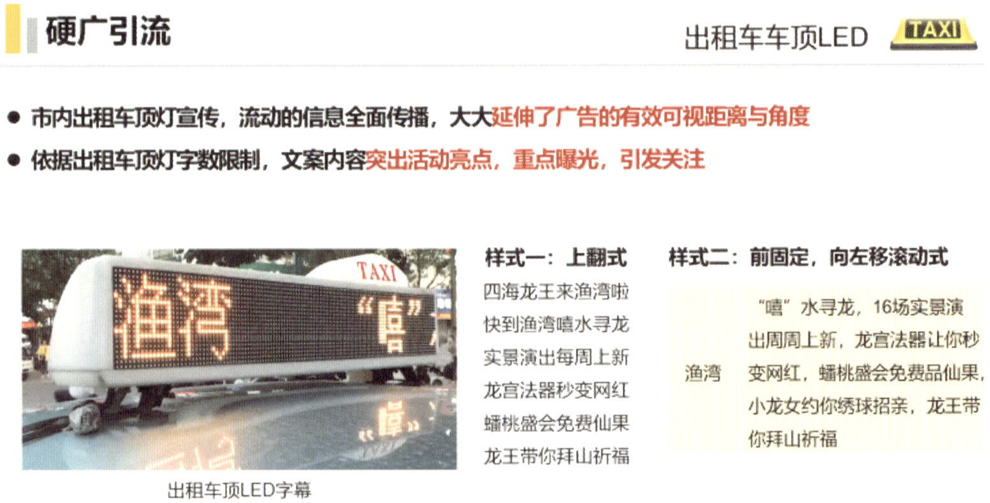

图6-15 首届连云港渔湾“嘻”水寻龙节出租车LED顶灯广告

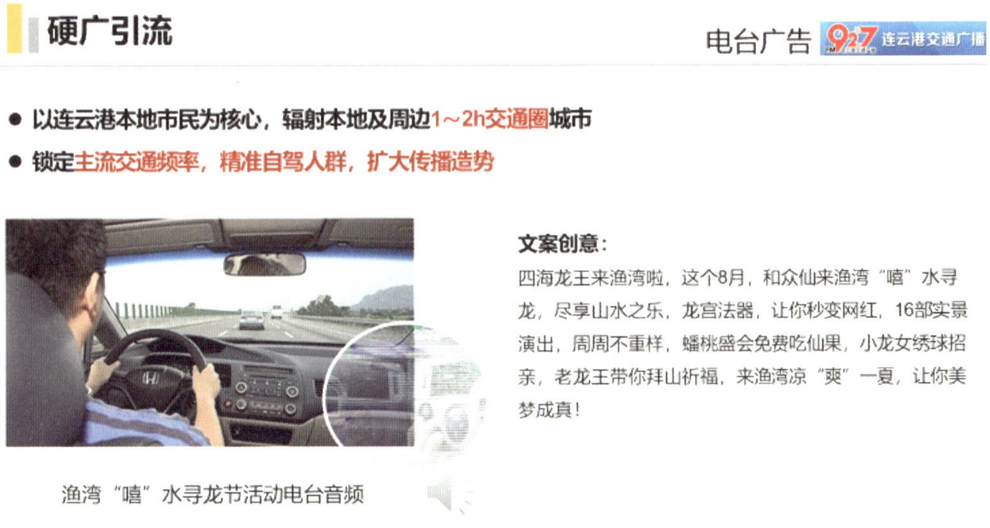

图6-16 首届连云港渔湾“嘻”水寻龙节连云港电台广告

通过传统媒体邀请，做好节庆活动的新闻公关宣传。在传统媒体端，我们通过新闻公关的方式，邀请周边主要客源地市场的媒体前来景区探访，对活动进行全方位的报道。争取到了时长超过2分钟，版面达到半版的主流媒体核心资源露出（图6-17）。

图6-17　首届连云港渔湾“嘻”水寻龙节周边客源地新闻露出

在新媒体端，活动期间对连云港本地的新媒体头部账号进行内容轮播，持续对活动进程进行关注，结合开幕式、情人节等不同节点，进行有节奏的推广宣传，吸引了不少本地新媒体从业者主动关注，前来直播或报道（图6-18和图6-19）。

图6-18　首届连云港渔湾“嘻”水寻龙节预热期本地账号信息发布一

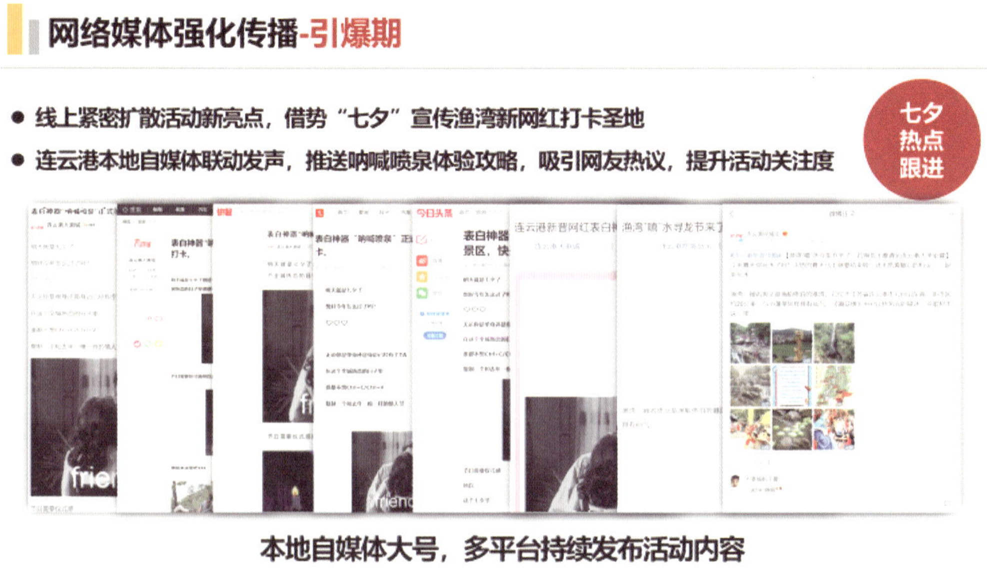

图6-19　首届连云港渔湾“嘻”水寻龙节引爆期本地账号信息发布二

（二）尝鲜目的地社交营销，以情动人做爆点

1. 巧借活动资源，让游客为景区代言

如何在活动执行中，让参与者为旅游目的地代言。打卡合影，这种巧借游客自媒体力量的宣传方式开始被一些旅游目的地使用。渔湾“嘻”水寻龙节，充分利用游客喜欢拍照互动的特点，为游客到此一游的纪念照打上渔湾的硬广告。举着景区宣传旗帜，可以免费和巡游特型演员合影。全天不间断地巡游，变成了一个朋友圈广告发布器，广受欢迎的同时，也引发无数点赞。

图6-20　首届连云港渔湾“嘻”水寻龙节巡游合影提高游客参与度

2. 新媒体社交引流，抖音营销关注活动的台前幕后

针对抖音平台的迅速崛起，以及高质量内容将获得平台免费流量推荐这一特点。此次渔湾“嘻”水寻龙节，我们帮连云港渔湾风景区开通了抖音账号，并通过POI地址认领、大V账号互动等一系列动作来完成更多内容曝光和引流。通过一个月的运营，获取精准粉丝2万余人，同时以单条30万点赞、多条5万+的视频内容，完成爆点营销。通过和本地年轻抖音达人进行合作，将年轻粉丝群体进行有效覆盖。对旅游目的地的社交营销，进行了有效的实践，该景区抖音账号开通第二个月，就被官方平台评为优质企业账号（图6-21）。

图6-21 首届连云港渔湾“嘻”水寻龙节新媒体社交引流

（三）巧用自媒体专业达人，获取高质量内容输出

针对景区一直以来没有进行过优质传播内容收集的痛点，渔湾“嘻”水寻龙节特别邀请了中国国家地理、海外图库签约摄影师及旅游达人，共同完成了三次优质内容的生产创作，内容覆盖活动执行、景区标志性景点等不同类型。通过OTA平台和微博平台等渠道进行优质内容铺设，吸引了江苏微旅游、连云港发布、江苏新闻等网络大V的纷纷转载。通过优质内容输出，免费获得了江苏省文化和旅游厅新浪微博开屏广告投放的推荐机会（图6-22~图6-26）。

图6-22　首届连云港渔湾“嘻”水寻龙节达人优质内容输出

图6-23　首届连云港渔湾“嘻”水寻龙节免费微博开屏页面推荐

图6-24 2018渔湾“嘻”水寻龙节宣传图

图6-25 2018渔湾“嘻”水寻龙节活动现场一

图6-26 2018渔湾“嘻”水寻龙节活动现场二

第七章

旅游精品演艺实操案例

CHAPTER SEVEN

第一节
微型旅游演艺——《军号嘹亮绕茅山》快板说唱

一、项目背景

江苏省镇江市句容茅山地区作为全国六大山地抗日根据地之一，近年来积极挖掘红色文化资源，唱响红色主旋律。“铁军营”是句容茅山于2018年全力打造的党性教育基地，主要讲述在党的领导下，茅山地区人民群众艰苦奋斗的发展历程，展现了这块红色土地上拥有的统战力量。

“铁军营”依托茅山地区丰富的红色资源，以“铁军精神”为主线，分设初心唤醒、红色舞台、红色影院、实境课堂、党性体检和户外拓展六大功能区。通过专题教学、现场教学、体验教学、拓展教学等多种教学方式，打造精品教育课程，让受训党员干部在不知不觉中有触动、受感染、思行动。

二、主要问题

（一）文化挖掘尚不够深入

茅山地区红色资源丰富，除了有记载的历史资料外，在民间还有很多口口相传的抗战故事，以及当地的特色民俗、典故、名人逸事等素材，这些都是彰显和传承“铁军精神”的重要内容，需要做专题挖掘，并对其进行甄选，进而科学合理利用。

（二）展示手段尚不够丰富

“铁军营”的氛围营造及整体呈现还是继承了较为传统的展陈展览方式，以静态为主，辅助以电影观赏、实境课堂、拓展体验等手段；在提升过程中需要增加创新性的思路、借助多元化的载体，丰富文化故事的呈现方式，并做好微场景打造。

（三）互动体验尚不够充分

“铁军营”现有红色电影《特殊的家规》和实境课堂《三封家信》两个文化项目，能够形成一定的特色展示，但学员及游客的参与性不够，而且整体的游览时间较短，互动体验感不强。

三、策划思考

在对当地文化充分挖掘梳理和对“铁军营”存在现实问题有效分析的基础上，立足于“文旅融合、创新发展”的大背景、新常态，以传统文化、历史文化、本地文化等创新呈现、创意表达、活化体验为目标，结合句容茅山景区自身所特有的“碑前放鞭炮，空中响军号”的神奇故事，通过文艺创作、艺术编排、服装设计、道具制作、情境再现、现场演艺等创意形式，歌颂八路军小号手的英勇事迹，形成《军号嘹亮绕茅山》旅游微演艺产品。同时融入传统非遗文化项目，以快板说唱方式呈现《军号嘹亮绕茅山》，丰富景区文化展示方式，增强游客体验感，有效延长游客逗留时间，为句容茅山景区吸引力赋能，为其品牌提升发展助力。

四、项目成效

目前该项目已经在句容茅山景区常态化演出，深受游客好评。本项目是尔目演艺公司创新提出打造“微型精品旅游演艺产品”的代表作品之一，在当前文旅融合发展的背景下，微型精品旅游演艺产品既能够彰显活化景区文化，又能够对景区现有的旅游产品进行提档升级，还可以加强游客的体验参与度，而且项目本身投入较小、量身定制、灵活可控，同时还可以合理有效地延长游客在景区的逗留时间，促进游客再次消费的产生。富有文化创意的精品微演艺产品，为景区在文旅融合的大背景下，创新赋能与健康可持续发展提供新方向和新路径（图7-1和图7-2）。

图7-1 旅游精品微型演艺——《军号嘹亮绕茅山》快板说唱

图7-2 氛围提升——微场景设计打造

第二节

演艺活动策划——“藕遇西埂·夜色莲乡”梦幻灯光艺术节

一、项目背景

西埂莲乡位于江苏省南京市浦口区永宁街道联合社区，地处滁河南岸、老山北麓，环境优美，水系丰富，现有荷博园、莲文化馆、泛舟荷塘、盆景园、七星岛等休闲游玩景点。西埂莲乡先后获得江苏省四星级乡村旅游区、江苏省休闲渔业示范基地、江苏省科普教育基地、南京市主题创意农园等荣誉称号。

为了加快推进浦口区全域旅游发展，全力推动从“景点”向“全域”转变，最大限度释放浦口区文化旅游潜力，促进文化旅游产业提质增效，2019年7月4日“中国浦口莲文化节”于浦口区永宁街道西埂莲乡盛大开幕，本次莲文化节持续2个月，活动以“千姿百魅·西埂莲乡”为主题，先后进行了“开幕式”“摄影大赛”“《我和我的祖国》快闪”“千人同舞广场舞”“70名少年会场卷”等系列活动，是集旅游推介、文化交流、产品展销、乡村体验为一体的文化旅游盛会。

二、主要问题

（一）爆点吸睛项目不足

本次莲文化节旨在宣传推介浦口文化旅游品牌、释放浦口文化旅游潜力、促进浦口文化旅游产业提质增效、探寻浦口全域旅游发展新思路、感受浦口乡村旅游新魅力。活动本身虽然策划安排了系列活动，但缺乏能够吸引本地、周边及外地的游客到来，参与莲文化节、体验乡村美景、感知浦口旅游的爆点吸睛项目。

（二）持续性创效产品不够

本次莲文化节安排了精彩的开幕式、摄影大赛等一系列较为丰富的活动，但除“摄影大赛”外，其他均为固定日期举办的当日活动；尚未策划具有持续性，能够贯穿莲文化节，形成长效引流，吸引游客前来游览参观，进而增加景区创收能力的项目产品。

（三）游客参与体验感不强

西埂莲乡现有的旅游产品对游客的吸引力尚停留在拍照留念、划船观光等内容上，缺乏互动体验类的项目；而且荷花盛开季节又为炎热的夏季，观赏游览的舒适度比较一般，如何错时、蔽日，增强游客的参与性与体验感亟待解决。

三、策划思考

在充分研判和分析本次浦口莲文化节的宗旨、诉求及目标任务，考虑到避开日间炎热天气、增设创效业态、形成持续性引流等核心内容后，增加“**‘藕遇西埂·夜色莲乡’梦幻灯光艺术节**”项目。活动持续时间与“莲文化节”同步，以“藕遇西埂·夜色莲乡”为主题，以“夜赏印度红睡莲”为看点，通过光、影艺术的组合，对西埂莲乡内的一草一木进行主题化布置，打造“相遇”“相识”“相知”“相守”主题灯光秀视觉盛宴，展现出一个全新的梦幻西埂莲乡。编创了荷花仙子、卡通人偶、快乐小丑等巡游演艺节目，增强体验感和互动性；配套“夜市美食街区”，引进全球100多种美食满足游客的味蕾需求，试水西埂莲乡夜游市场，以刺激和带动浦口夜游经济的发展。

四、活动成效

“藕遇西埂·夜色莲乡”梦幻灯光艺术节在短时间内吸引20余万人入园参观，直接经济创收超百万元，单条微信推广宣传浏览量近80万人次，短时间内形成了较强的影响力与品牌效应，为西埂莲乡赏夜荷做出了成功的示范性探索，较好地助力了2019浦口莲文化节；也为浦口区乡村旅游开发策划提供了新的思路，丰富了旅游活动形式，满足了当地及周边老百姓对美好生活的追求和向往（图7-3~图7-7）。

图7-3　荷花仙子互动巡游表演

图7-4 卡通人偶巡游互动

图7-5 梦幻灯光点亮莲乡

图7-6　梦幻灯光让游客流连忘返

图7-7　夜色美食满足游客的味蕾

第八章

旅游影视创意与传播实操案例

CHAPTER EIGHT

第一节

旅游影视创意与传播——全域旅游风光片《贾汪真旺》

一、项目背景

贾汪区，别称泉城区，隶属于江苏省徐州市，因煤炭开采历史悠久，素有“百年煤城”之称。但长期煤炭开采导致了生态环境严重破坏，“一城煤灰半城土”成为常态，旅游业更是一片空白。2011年，贾汪区抓住被列为“全国第三批资源枯竭城市”的契机，彻底告别煤炭，矢志转型，以养育生态实现了由“煤海”到“花海”、从“煤城”到“绿城”的根本性转变，创造了凤凰涅槃的时代传奇，成为资源枯竭城市转型发展的国家样板，并荣获“联合国人居奖”，创成首批国家全域旅游示范区，拥有潘安湖、大洞山、督公湖、茱萸寺等多个国家4A级景区，被誉为“徐州后花园”。党的十九大后，习近平总书记首次地方考察便来到徐州，他夸赞贾汪转型实践做得好，现在是真旺了。

二、创意理念

大多数旅游风光片还停留在感观体验的层面，不能有效传达理念因素，即给人以山水人文之美，却不能给人以思考回味的空间。在构思贾汪全域旅游风光片时，不局限于眼前的风景，更多的是在追溯风光背后的绿色发展理念和壮士断腕的决心。习近平总书记指出：“要让居民望得见山，看得见水，记得住乡愁。”从“一城煤灰半城土”到“一城青山半城湖”，贾汪凤凰涅槃般的转型实践，正是习总书记讲话精神的最好注脚。基于这一认识，在创作时采用了与传统旅游风光片完全不同的视角。

前期调研时，在贾汪著名的潘安湖景区偶然邂逅了一位名叫朱雪宁的船娘，她的经历引起了我们的兴趣。多年前，她脚下这片景区还是连片的良田，由于地下煤炭过度开采，导致地面塌陷，良田变泥塘，失去土地的她只得选择外出打工谋生。几年过去了，当她重新返回家乡的土地时，昔日的采煤塌陷地变成了风光旖旎的潘安湖，朱雪宁也由此实现了身份的转变。

本片立意正是以此为诉求点，通过一位返乡女子的视角来表现贾汪的山水之美、人文之美、乡愁之美，传达贾汪生态优先、绿色发展的理念，展示贾汪旅游业转型升级的成果。情节设计为：几年前，返乡女子因家乡煤碳枯竭，田园荒芜，被迫外出打工，而今返回故土，巧遇青梅竹马的发小，此时的发小已由原来的煤矿工人变身旅游公司工作人员。在发小的陪同下，返乡女子亲眼看到了家乡的深刻变迁，有新奇、有惊喜、有沉思、有感慨。也是在这一过程中，两人重拾记忆，再续前缘。

巧妙的场景设计，大手笔的拍摄制作，使该片立意高远，思想深刻，高潮迭起，引人入胜。

三、项目成效

《贾汪真旺》全域旅游风光片在各类平台投播后，网络流量和视频点击率连创新高，给观众留下了深刻印象，勾起了无数贾汪游子和其他地区具有相同经历者的乡愁记忆。该片已成为贾汪旅游推介、招商引资的一张亮丽名片，使得“全域旅游 贾汪真旺”的金字招牌越发耀眼明亮（图8-1~图8-8）。

图8-1 剧照节选一

图8-2 剧照节选二

图8-3 剧照节选三

图8-4 剧照节选四

图8-5 剧照节选五

图8-6 剧照节选六

图8-7 剧照节选七

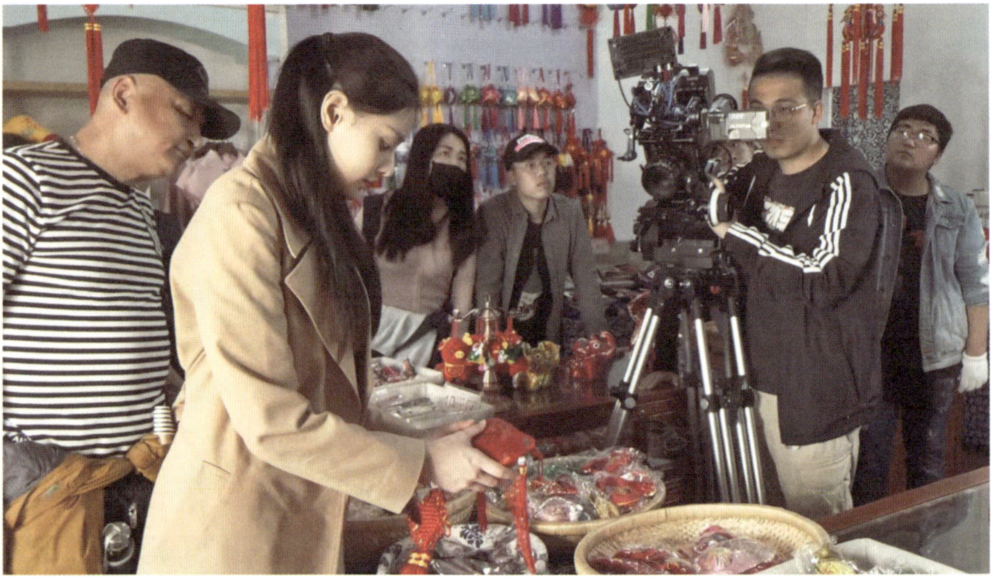

图8-8 拍摄花絮

第二节

全域旅游风光片 —— 全域旅游风光片《杉青水秀 为荷而来》

一、项目背景

金湖县位于江苏省中部，为高邮湖、宝应湖、白马湖三湖环绕，有“三湖水乡”“苏北江南”之称，又是闻名遐迩的荷花之都、尧帝故里。境内自然与人文相伴，水韵与温情交融。近年来，金湖县坚定贯彻“绿水青山就是金山银山”生态环保理念，坚持“生态优先、绿色发展”，走出了一条“生态越优美—发展越兴旺—群众越幸福”的全域旅游高质量发展道路。

金湖拥有荷花荡、水上森林两个4A级景区，以及三河湾等2个省级以上水利风景区、前锋白马湖全省乡村旅游重点村、塔集省级特色田园乡村旅游区。建成“乡约在金湖、乐购在金湖”四季节庆活动体系，形成荷花节、国际半马、全国小学生手球赛、环太湖（金湖段）国际公路自行车赛四大主题活动。

二、创意理念

金湖旅游产品供给丰富，覆盖广泛，特色鲜明。如何充分有效地展示它的成果与风貌，迫切需要一条主线。经过现场考察和深入调研，一条300千米长全域绿道出现在我们的视野，它连接城乡，贯通全域，如丝线穿珠般串起各个景点和景区。金湖旅游产品供给丰富，覆盖广泛，特色鲜明。如何充分有效地展示它的成果与风貌，迫切需要一条主线。有了全域绿道这条主线，在情节设计上便选择一个运动女孩参加金湖品牌赛事——马拉松，通过参赛，顺便浏览沿途风光，并传达给受众，自然而然，水到渠成。运动本身就是活力的象征，寓意一个朝气蓬勃的金湖正阔步走在新时代的康庄大道上。

陪同运动女孩而来的，是她的画家男友。画家则从另一个视角，用画笔沿途画出了一个最新最美的金湖。运动女孩与画家男友对金湖从开始的印象切入，到最终的心灵归属，将一个水美与温情并存的金湖淋漓尽致地呈现在观众面前。

在拍摄中，我们追求大手笔、大制作，不仅采用当今最高端、最全面的技术装备，如阿莱摄影机、升降机、轨道车、全套灯光设备等，并对每一个场景、每一个镜头都进行精心设计布局。如拍摄城市书屋一组镜头，为了营造氛围，不惜调用两辆消防车进行人工降雨。而为了追求情节的真实性，在当地政府配合下，组织了数百人临时开展了一场马拉松赛。同样，为了表现庙宇的庄严神圣，数千名僧众成了群演。

旅游风光片对天气、光线要求较高，我们坚持做到阴雨、雾霾天气不开机。在拍摄水上森林时恰逢阴天，空间通透度不够，导演和制片人果断宣布停机，直到三天后阴云散去，艳阳高照，才开机拍摄。三天待机时间，30多人的摄制组，仅成本就多支出9万多元。为了拍摄更高质量的旅游风光宣传片，我们愿意支付更多的时间成本和财力成本。

宣传片进入后期制作，又经过专业的渲染、调色和三维包装，最终使作品引人入胜。

三、项目成效

《金湖全域旅游风光片——杉青水秀 为荷而来》一经公布，便在社会上引起好评如潮，仅仅7天时间，微信的阅读量就突破了1.5万，以及近8万的视频点击量。该片已成为金湖县旅游推介、招商引资的主打作品，其中一些画面还被全省旅游风光片采用。随着金湖全域旅游风光片的广为传播，水乡金湖的知名度和影响力不断提升，“杉青水秀 为荷而来”的品牌形象日益凸显（图8-9~图8-11）。

图8-9 导演堪景

图8-10 拍摄花絮

图8-11 剧照节选

第三节

企业形象片创意与传播

—— 南京临水宫水文化酒店形象宣传片

一、项目背景

临水宫水文化酒店（简称“临水宫”）是集水疗、餐饮、休闲、住宿为一体的高端水文化度假区，是南京市建邺区全域旅游发展规划中的重要特色景点。临水宫因水而生，将传统水文化与现代文旅理念相结合，将儒道文化内涵注入汉唐风格的情景环境，颠覆了大众对传统洗浴文化的理解，诠释了水文化休闲养生新理念。由于该项目在文化理念、建筑设计和经营策略等诸多方面都堪称思维超前、定位高端，企业亟须一部能够充分承载和精准传达临水宫文化内涵和品牌形象的宣传片。

二、主要问题

项目组对我国洗浴水疗的行业状况进行了分析。总体而言，公众对于该行业的整体印象仍停留在“澡堂”“桑拿房”“温泉池”的层级，与企业要将文化内涵与休旅体验深度融合的理想存在较大差距。若不能在企业运营之初就鲜明地树立起临水宫全新的文化形象，一改人们对该行业的习惯认知，则这一高起点、高定位、高格调的文旅项目恐难以获得成功。

三、创意理念

项目组承接此项目后，与企业核心人物和高管团队进行了座谈，对临水宫进行了实景考察，从新的角度拓展、向新的深度挖掘，在新的高度升华，形成了本项目的创意思想和策划理念。本创意紧扣水文化的主题，重新审视、挖掘水对生命成长的意义，水对人格升华的价值，提炼出本片主标题："君临水宫，心定天下。"

本片以兼容哲理、诗情的语言表述，将这一主题思想传达给观众，如"水有大德，假无相之体，滋润花色，涵养果实；水有大智，施无为之工，结石育木，筑建大构；水有大美，法无形之形，缓雕慢刻，奇峻天成"，再如"水之品性，明澈洁净，谦逊包容，可洗却尘秽，荡涤浮华。心无点尘，因空而广大；身如琉璃，因无而无边"，又如"水从善尚美，博大高洁，哺育出梅的风骨、兰的情操、竹的气节和菊的品格"。

在画面创意方面，本片设计了一位高阶商务人士在穿越水帘后瞬间变身汉服士绅，置身盛唐意境，在临水宫沐浴、品茗、听琴、读画、赏肴中感悟人生，涵养品性，"于风生水起时，重整汉唐气度；在天高云淡处，再起魏晋风华"，最终达到"惟我无言观世界，梅花开尽是桃花"的人生境界。

四、项目成效

本片完成后，首先在网络媒体发布，仅仅三天时间，视频点击量破万，留言数千；网友点评反映出了本片创意的初衷得到实现，观众普遍的共识是，将一间洗浴中心的形象提升到这样"理直气壮""气吞山河"的高度，出乎意料，瞬间触发观众前去造访的冲动。该企业还在中华第一商圈——南京新街口户外大屏发布播放本片长达三年。客户对该片的满意度还表现在，已将临水宫二期形象片的创制工作全权交由江苏尔目詹姆莎传媒公司担纲（图8-12~图8-16）。

图8-12 拍摄花絮一

图8-13 拍摄花絮二

图8-14　拍摄花絮三

图8-15　拍摄花絮四

图8-16 拍摄花絮五

第九章
旅游展馆创意与布展实操案例

CHAPTER NINE

第一节

游客中心展示体验馆创意与布展

——徐州贾汪区全域旅游服务中心展示体验馆

一、项目概况

江苏省徐州市贾汪区全域旅游服务中心位于凤鸣海景区南侧，蛟龙湖浪漫峪东岸，建筑面积为3046平方米。徐州贾汪区全域旅游服务中心主体功能区域为两层，一层包括游客服务大厅、旅游展示中心、大数据中心、文创中心等，二楼为办公场所。服务中心集咨询服务、集散服务、旅游服务、智慧旅游等功能为一体，为来贾汪的游客提供更加便利、舒适、安全、便捷的“一站式”综合性旅游服务（图9-1）。

图9-1 贾汪区全域旅游服务中心实景图

二、主要问题

（1）徐州贾汪区全域旅游服务中心展示体验馆项目，是在其他功能都已设计、制作好的基础上，邀约进行策划创意的。

（2）现在布展的旅游服务中心展示体验馆，原来的设计并不是这个内容，功能也不太明确。

（3）经过现场考察，并与贾汪区文旅局相关领导沟通交流后认为：整个全域旅游服务中心的设计功能齐全，设计也合理，但缺少亮点，缺乏活力。

（4）贾汪区全域旅游服务中心是游客进入贾汪的第一站，如何让游客一下子就爱上贾汪的风景，并对接下来的旅游充满着期待，充满着激情？提出用全新的展示方式，把这个展示体验馆打造成一个亮点、一个吸引游客的微景点。

三、设计理念

（1）体现贾汪历史传承、人文印象，以贾汪旅游资源为基础，以文化为内涵，展现贾汪全域旅游的美好形象，满足游客的文化体验和精神享受。

（2）室内布展追求历史性、时代性和文化性的统一，集高科技、智能化、人性化为一体，利用多种手法，努力营造简约、大气、具有强烈艺术感染力的展示环境。

四、设计方案

（一）设计主题

贾汪映画（山水成映·风景如画）

（二）结构布局

整个展馆共200平方米，由序厅和展厅组成。

1. 序厅：百年印迹 泉城风韵

采用由知名艺术家创作的“百年贾汪”历史长卷，以主题绘画的方式体现。采用主题绘画、图文展板、数字显示屏（数字影片展播）等多种展陈手段展现贾汪的过去、现在和未来，贾汪全域旅游从无到有，从小到大，从默默无闻到赫赫有名，从资源枯竭城市到江苏乃至全国知名的全域旅游示范区的过程。从而体现出贾汪从“一城煤灰半城土”到“一城青山半城湖”，从“灰色印象”到“绿色主题”，从“挖煤贾汪”到“旅游真旺”的巨变。

2. 主展厅：山水灵秀 诗意贾汪

采用CAVE沉浸式悬浮数字影院的展陈方式，全方位、立体式、多角度展现贾汪区的旅游景点，把贾汪最美、最吸引人、最能引起共鸣，能与游客产生互动的部分展现出来。

进入展区，游客会身临其境，如同亲临现场穿行于贾汪如诗如画的各大景点，时而俯冲至水面，时而攀升至天空，时而在空中遨游，充满着浪漫和刺激，在互动体验中领略诗意贾汪的美妙风景。

沉浸式悬浮数字影院主要是借助于计算机系统及传感技术生成全景环境形成视觉冲击，让游客在这崭新的环境下调动所有感官去产生人机互动，给游客带来完美的沉浸感，同时让游客在该环境中发挥无穷的想象力进行体验创造（图9-2~9-13）。

图9-2 序厅实景图一

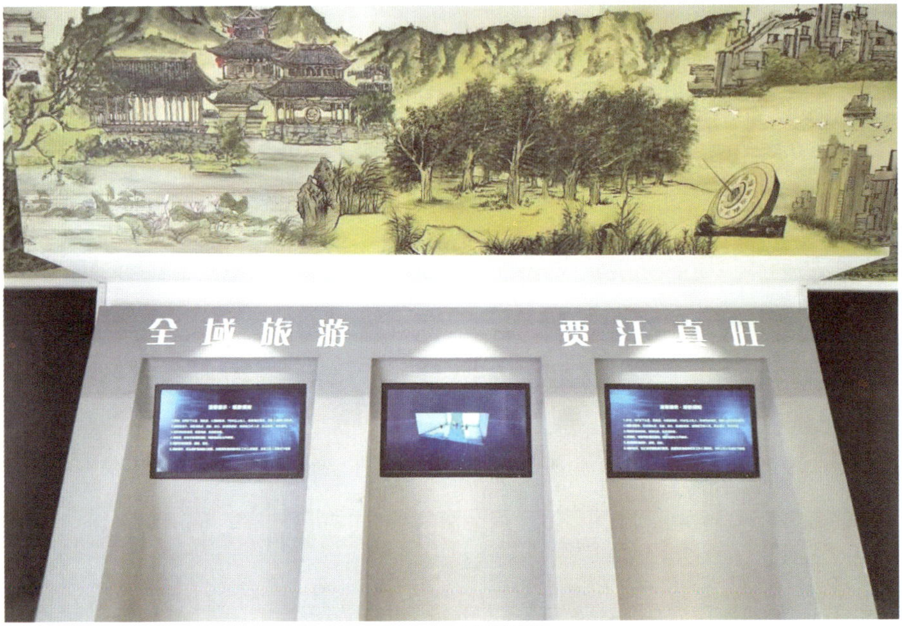

图9-3　序厅实景图二

图9-4　序厅实景图三

图9-5 序厅实景图四

图9-6 序厅实景图五

图9-7 主展厅实景图一

图9-8 主展厅实景图二

图9-9 主展厅实景图三

图9-10 主展厅实景图四

图9-11　主展厅效果图五

图9-12　主展厅效果图六

图9-13　主展厅效果图七

五、社会影响

（1）徐州贾汪区全域旅游服务中心展示体验馆沉浸式悬浮数字影院的策展，给业界带来了惊喜。

（2）许多游客体验后再次进入展厅进行重复体验。惊喜、刺激、唯美、身临其境、新奇、特别，这是他们对展厅的评价。

（3）许多老同志和一些领导觉得太刺激，有个别镜头让他们心跳太快。因此，设置了三个版本，针对不同人群，力争做到让每位来贾汪全域旅游服务中心的客人都能真切地感受到贾汪的美。

（4）许多旅游业的领导、同行通过贾汪区文旅局与我们联系，希望能有机会合作。目前取得联系的有：昆山市文旅局、沛县文旅局、山东枣庄市文旅局、安徽六安市文旅局、无锡鸿山景区……

六、产业带动

沉浸式悬浮影院把贾汪的美景完美地呈现给来贾汪的游客。许多游客本来只打算来贾汪其中一个景点游玩的，在悬浮影院体验结束后立即改变了原有想法，增加游览景点数量，因为他们觉得贾汪的各个景点都太美了。

第二节

旅游景区文化体验馆创意与布展
——荷花荡景区荷文化体验馆

一、项目背景

金湖荷花荡景区是国家4A级旅游景区，地处淮安市金湖县东南，高邮湖畔，三面环湖相拥，生态环境优美，总面积1.2万亩，是集农业观光、休闲度假、科普教育、健康疗养为一体的综合性生态旅游景区。

荷花荡景区内已建成荷花仙子广场、荷博园、荷文化体验馆、水草世界·农事体验馆、百荷园、咏荷碑廊、百莲园、少游憩园、青山寺等数十个景点，每年夏季来赏荷游览的游客近100万人次（图9-14~图9-16）。

图9-14 荷花荡景区实景图一

图9-15 荷花荡景区实景图二

图9-16 荷花荡景区效果图

二、主要问题

（1）荷花荡荷文化体验馆项目是在完成荷花荡游客中心布展项目后，创意设计的。

（2）在荷花荡创4A级旅游景区过程中，创建专家组提出荷花荡除了荷还是荷，缺少以荷为主题的文化类项目。经过研讨，最终确定在荷花荡创意策划一个以“荷”为主题的荷文化体验馆。

（3）同类展馆调研显示：遂宁世界荷花博物馆、博鳌荷花馆、中国科学院武汉植物园荷花展示区、武汉东湖荷文化馆、佛山市三水区荷花世界荷花文化展示馆等主要多以实体的陈列和景观、科普为卖点，侧重观赏性和风景。能融合科普性、娱乐性、互动性、体验性的展馆不多，深层次、系统地讲述荷的相关知识，荷与中国传统文化的关系少之又少，能够结合本土特色，本土文化的更是空白点。

（4）由于创建节点时间急促，最终将景区内一个水上饭店提升改造成一个精致的荷文化体验馆。这个项目的提升改造虽然给我们出了难题，但也给了我们研究、进步的机会。

三、设计理念

（1）**情景体验性**——融合国内外展馆所长，摒弃传统陈旧的展陈方式，首创“情景体验式”的全新概念。

（2）**互动娱乐性**——所有展区和展项，重点考虑情景融入、互动参与、旅游娱乐，与文化展馆定位和现代展馆发展趋势相一致。

（3）**高智能化**——六大板块，运用现代最前沿、最流行的展示手段和设施。让受众感受“第一次”体验的兴奋感。最大限度地增强参观者的视听震撼和身临其境的身心体验，提升参观者的观看兴趣和参与热情。

（4）**艺术化**——从总体布局到每个细节，均体现强烈的现代公共空间设计的艺术效果和梦幻氛围。

（5）**多样化**——突出科技特色、文化特色、地域特色和时代特色。布展设计在统一中寻求多边，令游览始终趣味盎然，高潮迭起。

（6）**人性化**——坚持以人为本，全方位兼顾不同身份、年龄、兴趣的观展人需求，精心设计各主体展区和配套服务设施（图9-17~图9-19）。

图9-17 荷花荡荷文化体验馆室内环艺实景图一

图9-18 荷花荡荷文化体验馆室内环艺实景图二

图9-19 荷花荡荷文化体验馆室内环艺实景图三

四、设计方案

（一）设计主题：

梦里水榭 为荷而来

（二）结构布局

整个展馆共1000平方米，全馆分为6个展区，按“史、形、境、性、载、用、意”的顺序来布展，多媒体互动展项自然穿插其间。

序厅：出水芙蓉

观：观荷大赏

识：花中君子

悟：华夏智慧

承：高尚品格

境：禅意空间

（三）布展内容及效果

走进序厅，小桥、流水、盛开的荷花，透过玄关，印在竹简上的咏荷名篇——《爱莲说》。整个序厅采用竹、木、砖、石等质朴的材质，给人静而超凡脱俗的感觉，桥、松、门、匾形成宁静而不失优雅，远离喧嚣、怡静自然。中间中式玄关的设计，给了游客无限的想象空间。

让人心潮澎湃的展区——“观”区。大型AR增强显示“梦回荷花荡”让游客身临其境，陶醉于如诗如画的荷花荡春、夏、秋、冬美景之中，这是一部永不落幕的荷花荡时尚盛宴。无论你在什么季节来，都能体验到荷花荡一年四季的美景。

第三个展厅——“识”区。游客只要头戴VR眼镜，手持传感器，就身临其境融入了另一个荷的世界、水的世界、自然的世界。在虚拟三维空间中穿越于古建筑和小桥流水之间，与鱼儿嬉戏，与荷花、莲藕、水草为伴，趣味盎然，高潮迭起。

走进第四厅——“悟”区。由上海戏剧学院著名艺术家参照《清明上河图》《富春山居图》而创作的“荷荡十景长卷”，以荷花荡厚重的历史和丰富的荷文化艺术张力演绎成“悟”展区的文化景观。历代文化大家最具代表性的咏荷诗词歌赋长卷，徜徉其中，犹如进入了荷的文化艺术世界。

第五个展区——“承”展区。主要展项为八屏联动的微剧场，通过多媒体数字剧体现荷与艺术、荷与文化、荷与宗教、荷与民俗、荷与传说、荷与美食、荷与清廉、荷与节庆八大主题。

第六个展区是“境”，名“一荷向荣”。窗外是万亩荷田，室内是满地青草，禅意环绕，在这儿赏荷、品茶、休憩，不仅可以感受到人与大自然浑然一体，还能有一种逍遥自在、超凡脱俗的感觉（图9-20~图9-39）。

图9-20　序厅效果图

图9-21　序厅实景图一

图9-22 序厅实景图二

图9-23 第二展区“观”实景图一

图9-24 第二展区“观”实景图二

图9-25 第二展区“观”实景图三

图9-26　第三展区“识”实景图一

图9-27　第三展区“识”实景图二

图9-28 第三展区“识”实景图三

图9-29 第三展区“识”实景图四

图9-30 第三展区“识”实景图五

图9-31　第四展区“悟”效果图

图9-32　第四展区“悟”实景图一

图9-33 第四展区“悟”实景图二

图9-34 第四展区“悟”实景图三

图9-35 第五展区“承”效果图

图9-36 第五展区“承”实景图

图9-37 第六展区“境”效果图

图9-38 第六展区“境”实景图一

图9-39 第六展区“境”实景图二

五、社会影响

（1）体验馆是国内第一家智能数字式荷文化情景体验乐园，填补了荷文化主题展馆的国内空白。吸引了全国各地游客及以荷文化为主题的旅游景区的同行。

（2）AR增强现实“梦回荷花荡”，让游客沉醉于荷花荡春夏秋冬之美景，游客们赞不绝口。“漫游荷世界”则将游客融入荷的世界，水的世界，自然的世界。紧扣主题，沁人心脾，体验人群常常爆棚。

（3）馆放置于一个水面之中，四季与荷为伴。春季：小荷才露尖尖角，早有蜻蜓立上头。夏季：接天莲叶无穷碧，映日荷花别样红。秋季：绿池落尽红蕖却，荷叶犹开最小钱。冬季：荷尽已无擎雨盖，菊残犹有傲霜枝。引得文人墨客流连忘返。

（4）夏季约100万游客，春、秋、冬季有约100万人次游客，这是对荷花荡景区及景区内文化展示体验类项目最好的回报。有游客欣赏、有游客赞赏，才是旅游景区主题文化体验馆存在的价值。

六、产业带动

荷文化体验馆的落成，提升了荷花荡景区的文化品位，使荷花仙子广场与荷文化体验馆相辅相成，延长了游客停留的时间，增加了游客的体验感。荷文化体验馆已成为青少年科普教育基地，每年仅接待学生游客就达20万人次。

第三节

旅游景区主题科技馆创意与布展——中国大丰海洋科技馆

一、项目背景

中国大丰海洋科技馆位于黄海之滨的江苏省盐城市大丰区，占地面积1.8万平方米，总投资2亿元。是国内首个以海洋为主题的情景剧式互动体验馆，集互动、科普、4D影院、观光于一体。通过融知识性、趣味性、实用性于一体的现代科技演示和海洋实物展示等表现形式，向人们展示了海洋的无穷魅力。

海洋馆的主体设计为一艘潜入海底的科学考察潜艇。海洋科技馆分为三层。一层由大厅、海洋迪士尼和海洋好莱坞三部分组成；二层南侧是五大海洋生物展示区；120米长的海底观光隧道是海洋生物展示区，由启航厅、海洋科普厅、海岸景观区等部分组成（图9-40）。

图9-40　中国大丰海洋科技馆实景图

二、主要问题

（1）全国各地建设的海洋馆不下几十个，但同质化现象严重，多以海洋生物的浏览作为展示的重要手段，单纯“阅读式”的展示很难将观众的情绪充分调动起来，缺少对海洋更加感性的认知方式。

（2）整个海洋馆共三层，面积很大。如何充分利用有限的投入，做出科技感十足的一流的海洋科技馆？

（3）海洋产业是大丰港实施沿海战略的发展重点，如何实现海洋科技馆与周围海洋产业的融合？带动海洋产业的发展，而不是单纯地布一个展馆？

三、设计理念

（1）**情景剧式设计**——融入与生活紧密联系的元素，更加真实地让观众进入参观展示的氛围中，同时也让观众更为形象化地了解海洋，对海洋感兴趣。

（2）**五感互动娱乐模式**——所有展区和展项，重点考虑旅游娱乐、互动参与的特性，而且别具匠心地设计多种体感感触的展项，促使观众更深刻地得到体验乐趣。

（3）**现代艺术展示**——竭力呈现海洋世界，而非再现海洋，展示从总体布局到每个细节，均体现强烈的现代公共空间设计的艺术效果和科幻氛围。

（4）**延展性设计**——把智慧旅游融入海洋科技馆中。游客对感兴趣的相关内容可用手机二维码扫描，然后通过APP大数据管理云端存储，进行更深层次的知识探求。这是一座藏在实体展馆背后的更大市场容量的虚拟海洋科技馆。

四、设计方案

（一）设计主题： 生机勃勃的海洋王国

（二）结构布局： 第一板块：海洋迪士尼　第二板块：海洋奥林匹克
第三板块：海洋好莱坞　第四板块：深海鱼宫
第五板块：海洋世界（海底观光隧道）

（三）展示内容及效果

1. 第一板块：海洋迪士尼（图9-41~图9-43）

图9-41 第一板块：海洋迪士尼实景图一

图9-42 第一板块：海洋迪士尼实景图二

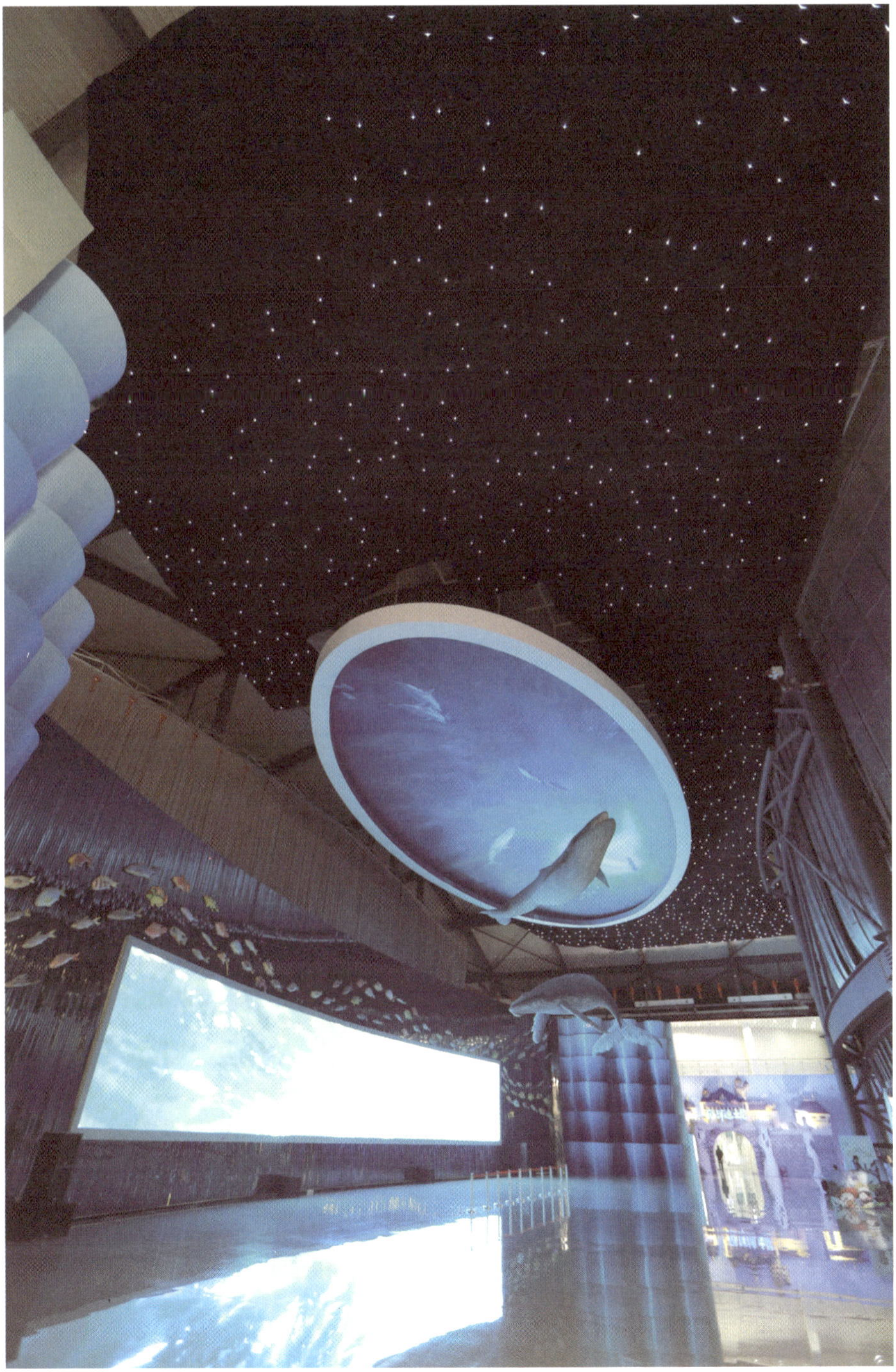

图9-43 第一板块：海洋迪士尼实景图三

2. 第二板块：海洋奥林匹克（图9-44和图9-45）

图9-44　第二板块：海洋奥林匹克效果图

图9-45　第二板块：海洋奥林匹克实景图

3. 第三板块：海洋好莱坞（图9-46~图9-49）

图9-46 第三板块：海洋好莱坞效果图一

图9-47 第三板块：海洋好莱坞效果图二

图9-48 第三板块：海洋好莱坞效果图三

图9-49 第三板块：海洋好莱坞实景图

4. 第四板块：深海鱼宫（图9-50~图9-53）

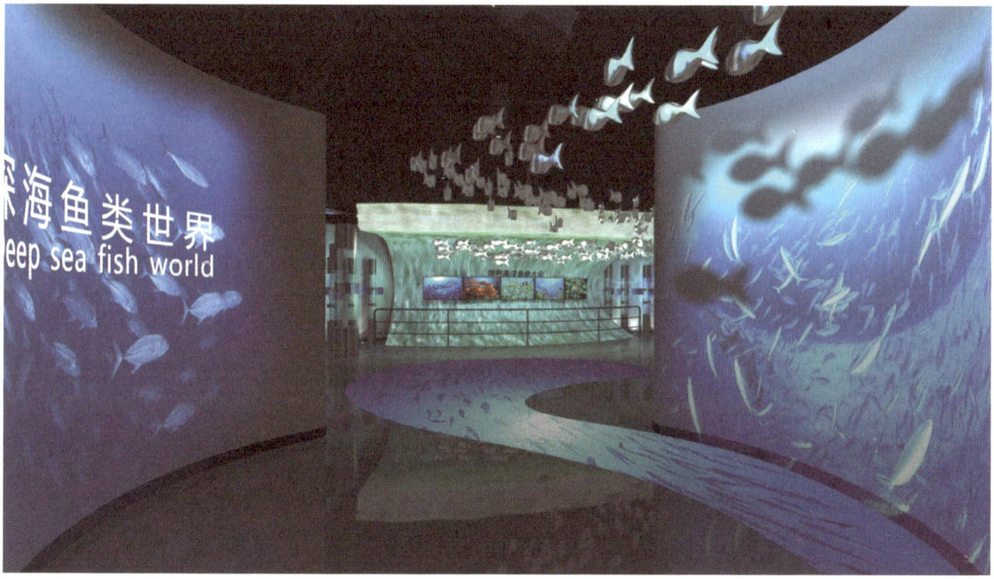

图9-50　第四板块：深海鱼宫效果图一

图9-51　第四板块：深海鱼宫效果图二

图9-52　第四板块：深海鱼宫效果图三

图9-53　第四板块：深海鱼宫实景图

5. 第五板块：海洋世界（海底观光隧道）（图9-54~图9-57）

图9-54 第五板块：海洋世界实景图一

图9-55 第五板块：海洋世界实景图二

图9-56　第五板块：海洋世界实景图三

图9-57　第五板块：海洋世界实景图四

6. 风情街（图9-58~图9-68）

图9-58 风情街效果图一

图9-59 风情街效果图二

图9-60　风情街效果图三

图9-61　风情街效果图四

图9-62 风情街效果图五

图9-63 风情街效果图六

图9-64 提升改造效果图一

图9-65 提升改造效果图二

图9-66 提升改造效果图三

图9-67 提升改造效果图四

图9-68 提升改造效果图五

五、社会影响

（1）中国大丰海洋科技馆的建成填补了盐城及周边地区海洋科普教育、实践、体验、游乐的空白，一时游客爆满。

（2）中国大丰海洋科技馆目前已成为盐城及周边地区中、小学生春游、秋游、假期旅游的打卡地。

（3）已连续三年游客人数超过100万人次。

（4）为了满足更多游客的游览，提高景区的观展效果和吸引力，中国大丰海洋科技馆先后委托尔目文旅集团·苏展南京环境艺术工程有限公司进行创意布展。

（5）带动了尔目文旅集团·苏展南京环境艺术工程有限公司参与周边氛围设计与施工项目，包括大丰海洋生物风情街、大丰海洋博览中心的设计和布展，目前风情街和博览中心已先后投入使用。

（6）2019年中国大丰海洋科技馆再次委托尔目文旅集团·苏展南京环境艺术工程有限公司对海洋科技馆部分项目进行提升，提档升级后的海洋科技馆将会更加精彩。

六、产业带动

大丰海洋科技馆建成后带动了当地的海水蔬菜，盐土农业和海洋生物产业的发展，目前在海洋科技馆周围已建成海洋生物产业园，形成以海洋生物能源、海洋生物医药为重点的海洋生物产业集聚区，一批国内的龙头企业已进驻并生产高科技海洋生物关联产品。园区正在考虑开展工业旅游项目，让从海洋馆游玩结束的游客，进入海洋生物产业园区开展工业观光游览。

责任编辑：刘志龙
责任印刷：闫立中
封面设计：梁倩、江苏尔目文旅集团

图书在版编目（CIP）数据

旅游创新设计实操案例 / 杨淇深主编. -- 北京 ：中国旅游出版社，2020.12

（文旅融合与高质量发展·经典创意规划设计系列）

ISBN 978-7-5032-6573-0

Ⅰ. ①旅… Ⅱ. ①杨… Ⅲ. ①旅游规划－案例 Ⅳ. ①F590.1

中国版本图书馆 CIP 数据核字（2020）第 185523 号

书　　名：旅游创新设计实操案例

作　　者：杨淇深主编
出版发行：中国旅游出版社
（北京静安东里6号　邮编：100028）
http://www.cttp.net.cn E-mail:cttp@met.gov.cn
营销中心电话：010-57377108，010-57377109
读者服务部电话：010-57377151
排　　版：王子帆、江苏尔目文旅集团
经　　销：全国各地新华书店
印　　刷：北京金吉士印刷有限责任公司
版　　次：2020年12月第1版　2020年12月第1次印刷
开　　本：720毫米x970毫米　1/16
印　　张：21
字　　数：332千
定　　价：69.00元
I S B N　978-7-5032-6573-0